内蒙古财经大学实训与案例教材系列丛书

丛书主编　金　桩　徐全忠

U0791734

Excel 财务管理

主　编　王铁媛

中国财经出版传媒集团

经济科学出版社
Economic Science Press

图书在版编目（CIP）数据

Excel 财务管理/王铁媛主编．—北京：经济科学出版社，2019.6（2020.12 重印）
ISBN 978－7－5218－0566－6

Ⅰ．①E…　Ⅱ．①王…　Ⅲ．①表处理软件－应用－财务管理　Ⅳ．①F275－39

中国版本图书馆 CIP 数据核字（2019）第 094135 号

责任编辑：郎　晶
责任校对：杨　海
责任印制：李　鹏　范　艳

Excel 财务管理
主　编　王铁媛
经济科学出版社出版、发行　新华书店经销
社址：北京市海淀区阜成路甲 28 号　邮编：100142
总编部电话：010－88191217　发行部电话：010－88191522
网址：www.esp.com.cn
电子邮件：esp@esp.com.cn
天猫网店：经济科学出版社旗舰店
网址：http://jjkxcbs.tmall.com
北京密兴印刷有限公司印装
787×1092　16 开　11.75 印张　250000 字
2019 年 11 月第 1 版　2020 年 12 月第 2 次印刷
ISBN 978－7－5218－0566－6　定价：30.00 元
（图书出现印装问题，本社负责调换。电话：010－88191510）

前　言

Excel 是 Microsoft Office 家族中的电子表格软件，是当今最为普及的电子表格软件之一，它具有强大的表格处理功能、丰富的图表、大量的函数、有效的辅助决策工具、方便的宏和 VBA 功能以及共享数据与因特网（Internet）开发功能，使用者可以用它方便地记录、处理、输出和分析数据。

Excel 功能强大，但操作简单，易学易用，多年来一直被财务与会计工作者所青睐。利用 Excel 的表格处理、图表、数据库链接、数据处理等功能，可以轻松实现会计核算、财务报表编制和数据统计等工作中的数据处理；利用 Excel 提供的各类函数和数据分析工具，可以便捷地实现财务管理工作中分析、预测、决策和控制等工作；利用 Excel 的数据引入和 VBA 功能，还可以完成对会计及信息系统或 ERP 系统数据库中财务和业务数据的链接和实时分析。

本教材运用 Microsoft 推出的最新版本 Excel，结合作者多年在会计、财务管理和审计中的教学和研究经验，结合大量案例，系统地介绍了 Excel 在会计核算和财务管理工作中的应用。本教材具有如下特色：

（1）实践性。从教材定位上来看，本教材为实验实训教材，制定了每个章节的实验名称、实验目的和实验内容，按照实验内容组织教材内容；从教材内容上来看，本教材最大可能地接近实际工作中的财务需求，既考虑了中小企业的财务需求——利用 Excel 这种常用的 Office 软件完成财务和会计工作，又兼顾了大型企业的财务管理工作的需要。从教学过程来看，本教材全过程引导学生进行实践，在计算机环境下完成每个章节的实验实践内容。

（2）创新性。第一，教学方法相结合的创新。本教材欲与新的教学方法改革相结合，与该课程的翻转课堂建设同步完成。并在教材中增加课堂讨论和实践拓展等相关内容，从而提高教学质量。第二，教学内容创新。结合当前财务管理热点问题，结合新的会计准则，突出教学内容的创新，避免雷同。

（3）突出案例教学。本教材设置了大量案例，引导学生利用 Excel 和已学专业知识，针对案例，提出解决方案。在 Excel 环境下构建模型完成案例教学。

(4) 适应性。本教材适合会计学、财务管理学、审计学和其他财政税务、工商管理等专业学生使用，也适合广大财务和会计人员在实际工作中使用。

本教材层次分明，体系结构清晰，图文并茂，针对财务、会计以及管理专业设计，重视基础应用，实用性强，每章之后都设计了实验操作案例，可作为高等院校管理类专业的本科、专科生的专业教材，以及研究生和 MBA 学院的教材或参考用书，也可作为企事业单位广大财务管理人员的继续教育教材和实用工具书。

本教材共 8 章，其中，第 1 章由丁惠萍编写，第 2 章、第 3 章由王铁媛编写，第 4 章由陈丽兰编写，第 5 章由武文超编写，第 6 章由张术丹编写，第 7 章由王春梅编写，第 8 章由杨婧编写。全书由王铁媛统稿。

鉴于作者水平有限和时间仓促，书中难免有疏漏和不足之处，恳请广大读者提出宝贵意见，以便我们对教材做进一步的改进和完善。

编者

2019 年 5 月

目　录

CONTENTS

第 1 章　Excel 基础知识

1.1　Excel 的基本操作

1.1.1　Excel 概述

Excel 是微软 Office 系列办公软件套件的重要组成部分，具有强大的表格处理功能、图表功能、丰富的函数功能、有效的辅助决策功能、方便的宏和 VBA 功能以及共享数据与因特网（Internet）开发功能，使用者可以用它方便地记录、处理、输出和分析数据。Excel 最早可追溯到 1982 年微软公司开发的基于 CP/M 系统的 Multiplan 软件，是一种可应用于多平台的电子制表软件，1985 年微软在此软件基础上开发出基于图形界面的操作系统 Macintosh 的电子表格软件 Excel，并于 1987 年推出基于 MS－DOS 与 Windows 操作系统的版本，以所见即所得的方式编辑和处理数据。1993 年后微软将 Excel 整合进 Microsoft Office，作为系列办公软件的组成部分之一，并第一次融入 Visual Basic for Applications（VBA）脚本语言，允许用户使用独立的编辑环境编写宏与脚本，将手工操作步骤自动化，用户可以通过自建窗体来丰富 Excel 的功能。

时至今日，Excel 不断地更新换代，随着计算机软件、硬件的不断发展和完善，Excel 的版本越来越多，功能越来越强大。2015 年微软发布 Microsoft Office 2016，Excel 也升级至 2016 版本。经过数十年的升级换代，特别是从 Excel 2003 到 Excel 2016，界面发生了较大变化，功能日益完善。Office 2019 的首个预览版完整套装于 2019 年第二季度发布，仅能运行在 Windows 10 操作系统上。鉴于更高版本对计算机操作系统的更高的要求以及版本的向下兼容的特性，各种不同版本均有大量用户存在，考虑到读者对软件的获取程度和操作系统的配置要求，本教材操作界面就 Excel 2016 为操作版本进行演示。

本章主要介绍 Excel 2016 基本操作知识，便于读者快速掌握。

1. Excel 2016 的进入与退出

（1）启动 Excel 2016。

启动 Excel 2016 的常见方法有以下三种：

方法 1：使用快捷图标。

在 Windows 的桌面上双击快捷图标，即可启动 Excel 2016。

方法 2：使用“开始”菜单。

单击桌面上任务栏中的“开始”按钮，打开“开始”菜单，选择“程序”，在出现的级联菜单中单击 Microsoft Excel 2016 程序项。由此启动 Excel，出现 Excel 的主窗口。

方法 3：使用“运行”命令。

单击桌面上任务栏中的“开始”按钮，点击“运行”命令，即可弹出“运行”对话框。在打开文本框中输入“Excel. exe”，单击“确定”，由此启动 Excel，出现 Excel 的主窗口。

（2）退出 Excel。

退出 Excel 前，一般应先保存数据。常用的退出方法有以下几种：

方法 1：在 Excel 窗口中选择“文件”菜单的“关闭”命令。

方法 2：单击 Excel 窗口右上角的关闭按钮。

方法 3：Alt + F4。

方法 4：单击“快速访问工具栏”左侧的控制菜单按钮，在出现的菜单中单击“关闭”命令。

2. Excel 的窗口界面

启动 Excel 后出现 Excel 的主窗口，如图 1－1 所示。

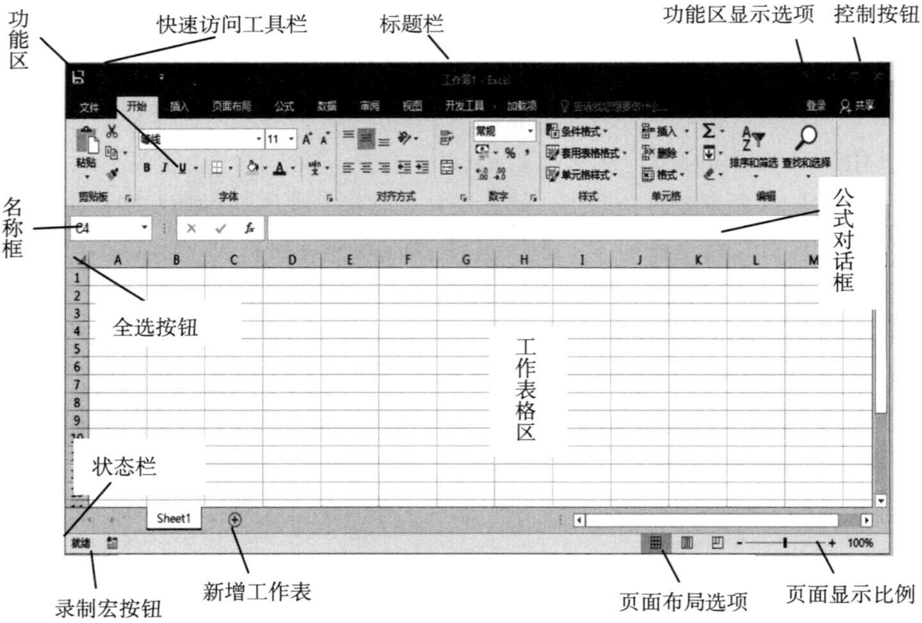

图 1－1　Excel 2016 窗口界面

（1）标题栏。

该栏位于 Excel 屏幕顶端中央，用以显示用户正在使用的程序名和文件名。

（2）快速访问工具栏。

该栏是一个可自定义的工具栏，它包含一组独立于当前所显示的选项卡的命令，单击该栏后面的下拉箭头，可以向快速访问工具栏中添加表示命令的按钮，还可以从两个可能的位置之一移动快速访问工具栏。使用它可以快速访问频繁使用的工具。

（3）功能区。

功能区能帮助使用者快速找到完成某一任务所需的命令按钮——逻辑组，逻辑组集中在选项卡下。每个选项卡都与一种类型的活动（例如编写或布局页面）相关。为了使屏幕更有条理，某些选项卡只在需要时才显示。使用者还可以单击“自定义快速访问工具栏”后的下拉箭头，在列表中单击“功能区最小化”以增大屏幕上可用的空间。

（4）控制按钮。

控制按钮位于屏幕右上角，用于控制屏幕，可分为程序控制按钮和工作簿控制按钮，主要包括关闭按钮、最小化按钮、最大化按钮和还原按钮。

（5）名称框。

显示当前选中单元格的地址和范围。

（6）公式对话框。

使用该对话框，可以键入公式或函数，对单元格中的内容进行编辑。

（7）功能区显示选项。

该按钮可以设置“自动隐藏功能区”“显示选项卡”“显示选项卡和命令”。

（8）状态栏。

显示当前所处状态及各种状态信息。

（9）工作表标签。

默认状态下的命名为“Sheet1”，它标志一个工作簿中的各张工作表。用户可以在标签上双击鼠标左键，更换工作表的命名，单击右键用快捷菜单可以对工作表进行插入、删除、移动等操作；若要在现有工作表的末尾快速插入新工作表，请单击工作表标签后面的“+”标志。

（10）工作表格区。

该表由方格组成，横向为行，以数字（1，2，3，…）加以命名；纵向为列，以字母（A，B，C，…）加以命名。单击列号区字母时，该列就被选中；单击行号区字母时，该行就被选中。在行号区与列号区的交界处，即左上角单元格（无标识）是“全选”按钮，要选择整个工作表，单击“全选”按钮。还可以按住 Ctrl + A 选中整个工作表。

（11）录制宏按钮。

点击该按钮可以录制新宏，这为建立宏命令提供了方便。

（12）页面布局选项。

页面布局选项供用户根据需要，单击“普通”“页面布局”“分页预览”3 个按钮，切换改变工作表的页面显示方式。

(13) 页面显示比例。

页面显示比例是通过调节状态栏滑块放大或缩小工作表的显示比例，或通过单击数字比例出现调节窗口设置。

3. Excel 的信息表示结构

Excel 工作表由一个个单元格组成，了解 Excel 的组织结构是学习和应用 Excel 的前提。

(1) 单元格。

单元格在 Excel 中是最小的单位，也被作为最小的整体进行操作。在单元格中可以输入字符串、数据和日期等信息。将鼠标移至两个行号（或列号）相邻处时，光标将变为双箭头，拖动该双箭头，可以任意改变单元格的大小（见图 1－2）。

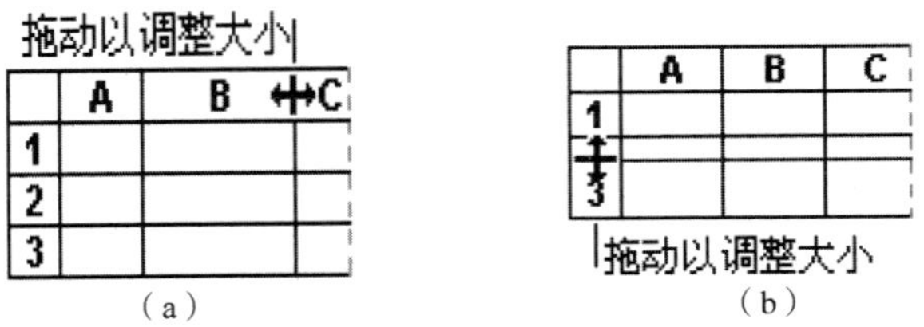

图 1－2　单元格调整

(2) 区域。

区域又称范围，是指一组被选中的单元格。区域的大小不固定，可以是一个单元格，也可以是整张表格；可以彼此相邻，也可以彼此分离。当区域被选中时，区域内所有单元格都将变为阴影显示，对区域的操作将使区域内所有的单元格执行相同的操作。例如将它们更换字体颜色。在工作表区内单击鼠标即可取消区域选择。

(3) 工作表。

启动 Excel 时，屏幕上显示的就是工作表，称为当前工作表，是系统默认的 Sheet1。一个工作表由 1048576 行乘以 16384（A 到 XFD）列组成。一个工作表有一个活动单元格，用深色框框住。用鼠标点击“Sheet1”旁边的“＋”，可以增加工作表“Sheet2，Sheet3，…”。

(4) 工作簿。

工作簿窗口是 Excel 打开的一个文档窗口，用来存储并处理工作数据的文件。当打开一个新文档时，该窗口被命名为“工作簿 1”。在存储文件时，用户可以自己定义文件名。工作簿中包含工作表数，用户可以通过“工具”菜单中的“选项”命令，在“常规”选项卡中将“新工作簿内的工作表数”设置成自己需要的个数。

4. 工作簿文件的操作

工作簿相当于一个文档，是以文件方式存放的。因此，对工作簿的操作实际上就是对文件的操作。单击“文件”菜单条，出现一个下拉式菜单，如图 1－3 所示，运用菜单中的各种功能可以对工作簿进行创建、打开、保存、发送、退出等操作与管理。在窗口的最下方是“选项”按钮，可以实现对 Excel 的公式、常用选项、高级选项、自定义和加载项等选项进行配置。

图 1－3　Excel 文件菜单

1.1.2　工作表格基本操作

本节介绍单元格和区域数据的输入、移动、复制、删改和恢复以及对工作表单元格的编辑。

1. 文字和数据的输入方法

（1）Excel 中的数据类型。

为 Excel 工作表格输入数据是用户工作中最重要的一部分。Excel 要处理的内容分为三类：文本、数值和公式。

文本：包括中文、外文的单字（词）或句子等。文本没有大小之分，Excel 不能对文本进行计算。

数值：即阿拉伯数字和小数点组成的真正的“数”，有大小之分。时间和日期在

Excel 中也被作为“数”看待，因此也属于数值。

公式：即以等号（=）开头，由单元格名称、运算符号和数值组成的字符串。在工作表格中，如果某个单元格的数据为公式，则当该单元格被选中时，它的公式在公式对话框中显示出来，而在工作表格中它仍是数值，即公式计算的结果。

每种数据都有其默认格式，但用户可以根据需要更改它们的类型。方法是：在需要更改数据格式的单元格中单击鼠标右键，单击“设置单元格格式”选项，出现的界面如图 1－4 所示，用户可以自由选择需要的格式类型。

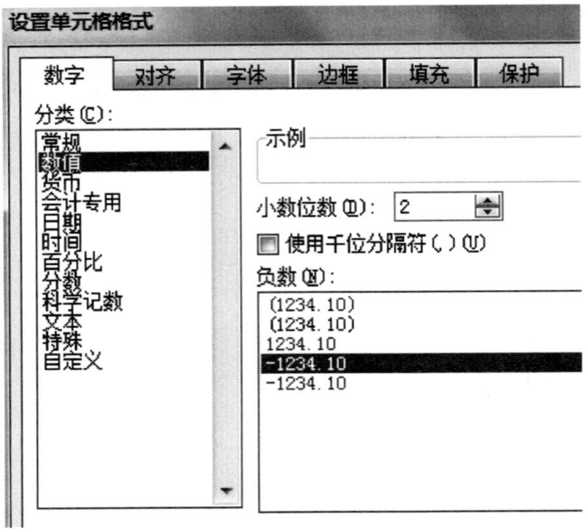

图 1－4　单元格格式标签

（2）输入数据。

①输入数值和文字。数值包括数字和时间、日期。输入方法是：单击需要输入数据的单元格，键入数据并按回车键或单击其他单元格。注意日期的输入要用斜杠或减号分隔日期的年、月、日部分。例如，可以键入 2019/03/15 或 Jun－02。关于时间的输入，如果按 24 小时制输入时间，就按照正常时间输入；如果按 12 小时制输入时间，需要在时间数字后空一格，并键入字母 am（上午）或 pm（下午），例如，5：00 pm。如果只输入时间数字，Excel 将按 am（上午）处理。

文本的输入同数字输入一样，即单击选中的单元格输入文字并按回车键或单击其他单元格。

对于以 0 开头的编号的输入，如 008，需要在输入前先输入“'”符号，接着再输入 0 及后面的数字；或者进入“设置单元格格式”，先将单元格格式设为“文本”，再输入即可。

②多个数据的输入。在工作表数据输入时如果相邻几个单元格的数值相同，输入时不必逐个输入，用户可以在同一行或列中复制数据，方法是选定包含数据的单元格，用

鼠标拖动该单元格选定框右下角的填充柄，拖过需要填充数据的单元格，然后释放鼠标按键。如果在填充过程中，类似于数字或日期等数值发生增长而不是照原样复制，则重新选定原始数据，然后按住［Ctrl］键，再拖动填充柄，就可以按原数据复制。复制来的单元格数据将替换被填充单元格中原有的数据或公式。

③等差或等比数列的输入。如果某一行或列的一组连续单元格的输入数值是等差数列，可以选定连续两个单元格分别输入序列的初始值和序列的第二个数值。同时选中这两个单元格，拖动右下角的填充柄，按鼠标左键经过待填充区域松开左键即可。头两个单元格中数值的差额将决定该序列的增长步长。如果要按升序排列，可以从上向下或从左到右填充；如果要按降序排列，就要从下向上或从右到左填充。如果要指定序列类型，先按住鼠标右键，再拖动填充柄，在到达填充区域末尾时，释放鼠标，然后单击快捷菜单中的相应命令。例如，如果序列的初始值为 JAN－2003，单击“以月填充”，可生成序列 FEB－2003、MAR－2003 等。

等差或等比数列的输入，还可能通过“开始”选项卡上的“编辑”组，单击“填充”按钮打开对话框，单击“系列”来完成数据系列的快速输入。

2. 整行、整列、整张工作表和区域的选中

（1）选中整行或整列。

选中整行或整列的操作比较简单，只需要将鼠标光标移动到所要选中的行号或列号处，单击即可。如前所述，在 Excel 工作表中，表格左端的数字就是行号，表格上端的字母就是列号。

（2）选中整张工作表。

整张工作表的选中不需要单击所有的行号和列号。在工作表的最左上角（即列号 A 的左边，行号 1 的上边）是“选中整张工作表”按钮，单击该按钮就会发现整张工作表全部变为阴影显示即全部被选中。这时就可以在整张工作表中进行全局的编辑和修改。

（3）选中区域。

对于相邻单元格区域的选中，方法很简单，可以将鼠标光标指向所要选中的区域的第一个单元格，按住鼠标左键，沿对角线从第一个单元格拖动鼠标到最后一个单元格，然后松开鼠标左键即可。

对于单元格不完全相邻的区域的选中，方法是：首先按住［Ctrl］键，然后单击需要选中的单元格或者拖动选中的相邻单元格区域。

当选中某行、某列，或整张工作表，或者某个区域后，就可以在单元格中输入数据或对单元格中的数据进行修改了。

3. 单元格、行、列的插入与删除

（1）单元格的插入和删除。

单元格的插入在实际工作中很常用，用户首先需要在插入空单元格处选定相应的单

元格区域（需要强调的是选定的单元格数量应与待插入的空单元格的数目相同）在选取的区域上单击鼠标右键，从快捷菜单中单击“插入”，在随后出现的对话框中，根据具体需要单击“活动单元格右移”或“活动单元格下移”选项。

单元格的删除操作。用户可以用鼠标光标选中要删除的单元格，使其成为活动单元格，在选取的区域上单击鼠标右键，从快捷键菜单中单击“删除”，在其出现的删除对话框中，选择“右侧单元格左移”或“下方单元格上移”，单击“确定”即可。

（2）行、列的插入和删除。

用户如果需要在工作表中插入一行，可以单击准备插入新行之下的相邻行的行号，单击右键，从快捷菜单中单击“插入”即可实现；或单击此行中的任意单元格，再单击“开始”选项卡上的“单元格”组，单击“插入”下拉列表框，单击“插入工作表行”按钮。例如，如果要在第3行之上插入一行，可以单击行号3或第3行中的任意单元格。如果需要插入多行，则要单击需要插入的新行之下相邻的若干行（切记，选定的行数要与待插入的空行数目相同）。

用户如果需要在工作表中插入一列，可以单击需要插入新列右侧的相邻列的列号或此列中的任意单元格。例如，如果要在D列左侧插入一列，可以单击D列的列号或此列中的任意单元格。如果需要插入多列，则要单击需要插入的新列右侧相邻的若干列（同上，选定的列数要与待插入的空列数目相同），然后从“开始”选项卡里找到并单击“插入工作表列”按钮。

行或列的删除。用户可以单击待删除行的行号或待删除列的列号，单击右键从快捷菜单中单击“删除”实现；还可以单击“开始”选项卡上的“单元格”组，单击“删除”下拉列表框，单击“删除工作表行”或“删除工作表列”按钮。

4. 数据的移动、复制、删除与替换

（1）数据移动。

数据移动就是将原单元格中的数据移动到新的单元格中。在Excel中，通常使用“剪切”和“粘贴”命令完成数据的移动。首先单击要移动数据的单元格，使之成为活动单元格；单击鼠标右键，从快捷菜单中单击“剪切”；光标指向将要存放数据的单元格，单击鼠标右键，从快捷菜单中单击“粘贴”，数据就被移动到指定的位置了。

（2）数据复制。

数据复制的操作步骤与数据移动的操作很相似，通常使用“复制”和“粘贴”命令完成。在操作过程中，只需把前面提到的“数据移动”的第三步骤改为执行复制命令，其余操作步骤都相同。

（3）数据删除。

数据的删除方法很多，选中要删除数据的单元格或区域，单击鼠标右键，从快捷键中单击“删除”；或选中要删除数据的单元格或区域，在键盘上按下［Delete］键即可；

或选中要删除数据的单元格或区域，单击“开始”选项卡上的“单元格”组，单击“删除”下拉列表框，单击“删除单元格”。

（4）数据替换。

数据的替换可以执行“开始”选项卡上的“编辑”组，单击“查找和选择”下拉列表框，单击“替换”，在“查找内容”文本框中输入原来的数据，在“替换为”文本框中输入需要替换的新数据，然后单击“全部替换”按钮即可。

5. 工作表的格式化

Excel 提供了丰富的工作表格式化命令，使用者可以对工作表进行格式设置，以建立美观适用的工作表。

（1）更改单元格的列宽和行高。

①用鼠标来更改列宽和行高。将鼠标指向列标或行号的两列相交处或两行相交处，鼠标变成“+”形，此时按下鼠标左键，左右移动可以改变列宽，上下移动可以改变行高（见图 1－2）。在鼠标为“+”形时，使用者还可以双击左键，使单元格自动适应列宽或行高。

②利用功能区来修改列宽和行高。单击“开始”选项卡，选择“单元格”组，单击“格式”按钮，选择相应的功能输入数值可以精确地更改列宽、行高。还可以选择相应的功能来自动调整列宽和行高。

（2）取消与恢复网格线。

Excel 工作表中用虚线网络线分隔出单元格，使用者如果不需要这些虚线时，可以将其隐藏起来。具体操作为单击“视图”选项卡，在“显示/隐藏”组中点选“网格线”，就可以隐藏或显示工作表中的网格线。在这一组中，用户还可以显示或隐藏“标题”和“编辑栏”。

（3）设置单元格格式。

使用者对所选单元格的内容进行设置，可以在“开始”选项卡中的“字体”“样式”和“段落”等组中选择相应的功能进行设置，也可以单击右键选择“设置单元格格式”，出现设置单元格格式窗口（见图 1－4），再选择相应的项目进行设置。

（4）自动套用格式。

Excel 提供了丰富的表格格式，使用者可以直接选择适合的样式，快速设置工作表的风格。具体操作为首先选取要套用格式的单元格区域，选择“开始”选项卡，在“样式”组中选择“套用表格格式”，选择相应的格式即可实现。

（5）单元格重命名。

在 Excel 中，为了便于对工作表进行处理，常常要对某些单元格或单元格区域指定一个名称。定义的名称可以选择整个工作簿或整个工作表。定义的名称在其范围内都是唯一的，可以直接引用。为单元格或单元格区域命名有以下两种方法：

①利用名称框定义名称。选择要重新命名的单元格或单元格区域，单击名称框中单

元格或区域名称，输入新的名称，按回车键确认。

②利用功能区来定义名称。选择“公式”选项卡，在“定义的名称”组中选择“定义名称”，在窗口的名称栏后输入要定义的名称，并在范围栏后选择工作簿或工作表。

（6）合并单元格。

在 Excel 工作表中，有时需要将两个或两个以上的单元格合并成一个单元格使用。首先选择要合并的单元格区域，选择“开始”选项卡中“对齐方式”组，单击“合并单元格”图标即可实现。单击图标右侧的箭头标志，还可以实现跨越合并，即同时合并成批的单元格。

（7）工作簿保存与保护。

创建的工作簿在编辑后需要进行保存，以便保存数据供下次使用。同时对一些隐私和涉及商业秘密的工作簿文件要进行加密保护。

①保存工作簿。使用者要对于已打开的工作簿，执行“文件”—“保存”或“另存为”命令，在展开的“另存为”列表中选择“计算机”选项，并单击“浏览”按钮，选择保存位置，设置保存名称与类型，单击“保存”按钮即可保存。对已经保存的工作簿，用户可以直接单击“快速访问工具栏”中的“保存”按钮，直接保存即可。

②保护工作簿。Excel 提供了文档的权限设置功能，用户可以通过权限设置限制文档的编辑和查看。

方法 1：标记为最终状态。

执行“文件”菜单下“信息”命令，在展开的列表中单击“保护工作簿”按钮，在其列表中选择“标记为最终状态”选项，再单击“确定”按钮。工作簿将设置为只读，禁止用户编辑。

方法 2：加密文档。

执行“文件”菜单下“信息”命令，在展开的列表中单击“保护工作簿”按钮，在其列表中选择“用密码进行加密”选项，在弹出的“加密文档”对话框中输入密码，再单击“确定”按钮，并在弹出的“确认密码”对话框中重新输入密码。

方法 3：添加数字签名。

数字签名是现代加密技术中一种特殊的加密数据，通过这种数据可以为文档建立一种特殊的密钥属性，进而验证文档的完整性。

执行“文件”菜单下“信息”命令，在展开的列表中单击“保护工作簿”按钮，在其列表中选择“添加数字签名”选项，用户可以通过微软的官方无网站申请或自行建立一个数字签名，这样所有想查看该文档的用户都可以通过数字签名验证文档是否被第三方修改。

保护工作簿的界面如图 1－5 所示。

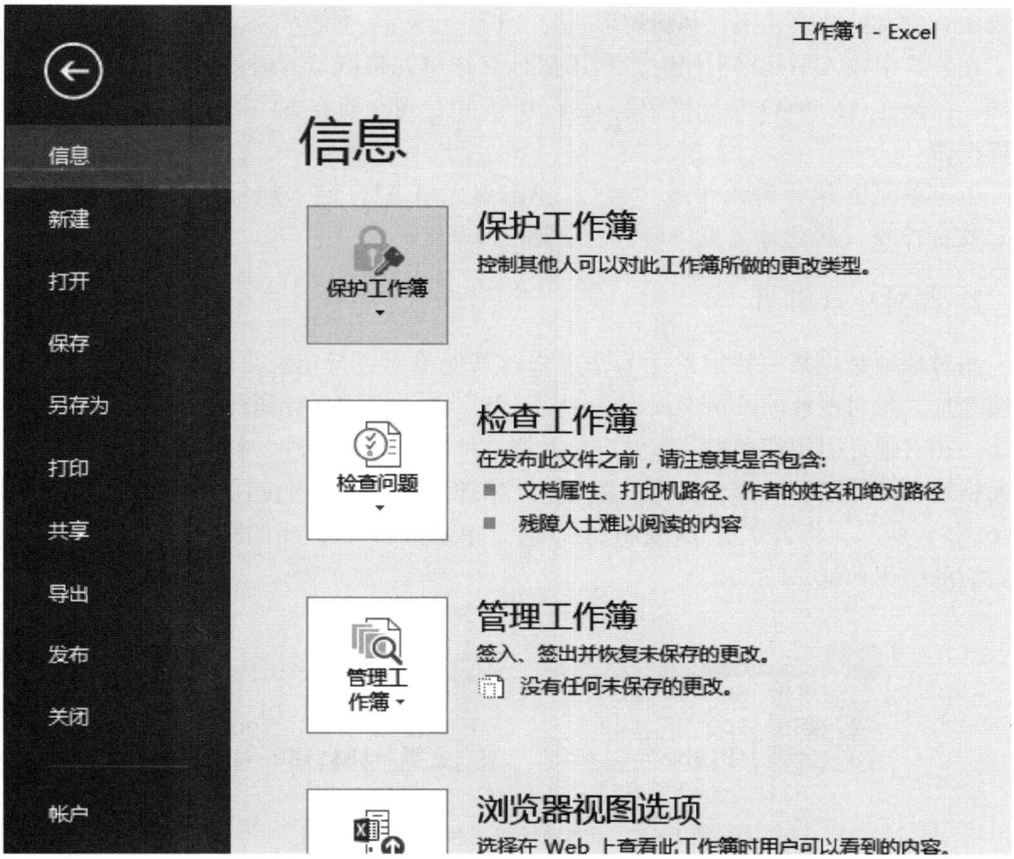

图 1－5　保护工作簿

1.1.3　公式输入与单元格引用

公式的组成可以包含下列部分内容或全部内容：函数、引用、运算符（标记或符号，有数学、比较、逻辑和引用运算符等）和常量。

在 Excel 中，用户可以使用公式对数值进行计算。公式是对数据进行分析与计算的等式。Excel 公式必须包含三个基本元素：一是等号（＝），用于指出该单元格的输入是一个公式；二是用于计算的数据或单元格引用；三是数学运算符，用于让 Excel 知道执行何种运算。

在 Excel 表中创建公式时，使用单元格引用，就意味着这个公式同工作簿中其他的单元格连接起来了。此时，当引用单元格中的数值发生变化时，公式的值也相应地发生变化。

1. 鼠标输入单元格引用

单元格引用是用于表示单元格在工作表上所处位置的坐标集。例如，显示在第 B 列和第 3 行交叉处的单元格，其引用形式为“B3”。

在公式中输入单元格引用时，利用鼠标点选单元格既节省时间又可以提高准确性。例如，已经在 A1 和 A2 单元格中输入值 20 和 40，现在要在 B1 中将二者求和，则可以这样操作：

单击单元格 B1，键入等号“ = ”；单击单元格 A1，键入加号“ + ”；单击单元格 A2，按回车键（公式输入完毕后，一定要按回车键）。

2. 相对地址引用

相对地址是以某一特定单元为基准来对其他单元进行定位，即以“相对”概念来说明地址。相对地址的表示形式为“A1”“B1”等，即用列标和行号直接表示单元格的名字。相对地址引用就是把一个含有单元格地址的公式复制到一个新位置时，公式中的单元格地址的值随着改变，但其引用的单元格地址之间的相对位置间距保持不变。如图 1 -6（a）所示，将公式从 B3 复制到 C3 时，单元格 C3 公式中的相对地址 B1、B2 变成相对应的引用地址 C1、C2。

	A	B	C
1	单价	50	60
2	数量	100	100
3	金额	=B1*B2	=C1*C2

（a）

	A	B	C
1	单价	50	
2	数量	100	200
3	金额	=$B$1*B2	=$B$1*C2

（b）

图 1 -6　相对地址引用和绝对地址引用

3. 绝对地址引用

绝对地址是直接告诉 Excel 某些单元格在工作表中的确切位置，即以“绝对”概念来说明地址。绝对地址的表示形式为“ $A$1”“ $B$1”等，即用行号、列标前加“ $ ”作为名字。绝对地址引用是把公式复制到新位置时，公式中那些固定单元格地址的值保持不变。如图 1 -6（b）所示，B3 单元格公式中含有绝对地址 $B$1，把该公式复制到 C3，单元格 C3 公式中的绝对地址 $B$1 没有改变。

4. 混合地址引用

混合地址引用是指在公式中相对地址和绝对地址可以混合引用，如图 1 -7 中 B3、C3 单元格公式；还可以指一些特殊的地址引用，如“ $B3、B$3”等，具体如图 1 -7 所示。

5. 三维引用样式

如果要分析同一工作簿中多个工作表上相同单元格或单元格区域中的数据，请使用三维引用。三维引用包含单元格或区域引用，前面加上工作表名称的范围。Excel 使用存

	A	B	C	D
1		1	2	3
2	1	1	2	3
3	2	2	4	6
4	3	3	6	9

（a）

	A	B	C	D
1		1	2	3
2	1	=$A2*B$1	=$A2*C$1	=$A2*D$1
3	2	=$A3*B$1	=$A3*C$1	=$A3*D$1
4	3	=$A4*B$1	=$A4*C$1	=$A4*D$1

（b）

图 1－7　混合地址引用

储在引用开始名和结束名之间的任何工作表。例如，＝SUM(Sheet2:Sheet13!B5)将计算 B5 单元格内包含的所有值的和，单元格取值范围是从工作表 2 到工作表 13。

三维引用不能用于数组公式（关于数组公式将在后文中讲解）。

1.1.4　打印管理

Excel 的打印管理和其他 Microsoft Office 组件有许多相同之处，如对纸张大小、打印方向、页边距、页眉/页脚等设置；但是 Excel 也有一些有别于其他组件的打印管理功能，如分页设置、打印区域设置、打印标题设置等。由于篇幅所限，本部分只介绍后者。

1. 打印行和列标题

选择要打印的一个或多个工作表。在“页面布局”选项卡中的“工作表选项”组中，选中“标题”下的“打印”复选框（见图 1－8），即可打印含有左边行号和上端列号的工作表。

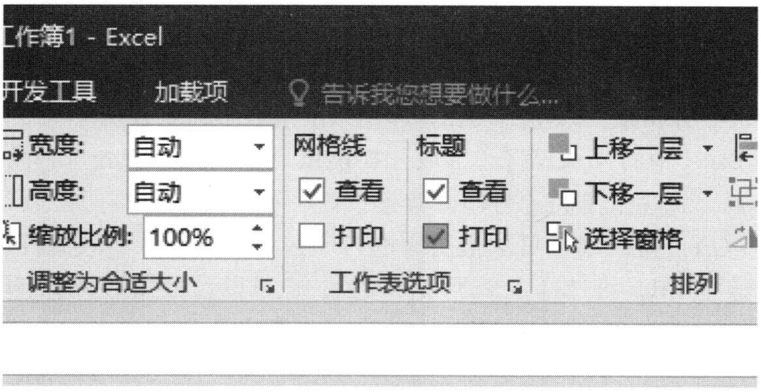

图 1－8　工作表选项

2. 在每一页上打印行或列标签

选择要打印的一个或多个工作表。在“页面布局”选项卡上的“页面设置”组中，单击“打印标题”（见图 1－9）。然后在弹出的“页面设置”对话框中的“工作表”选项卡上，在“顶端标题行”框中，键入包含列标签的行的引用；或者在“左端标题列”框中，键入包含行标签的列的引用；也可以单击位于“顶端标题行”和“左端标题列”框的最右边的“压缩对话框”按钮，然后选择要在工作表中重复显示的标题行或标题列。完成选择标题行或标题列后，再次单击“压缩对话框”按钮以返回到对话框。

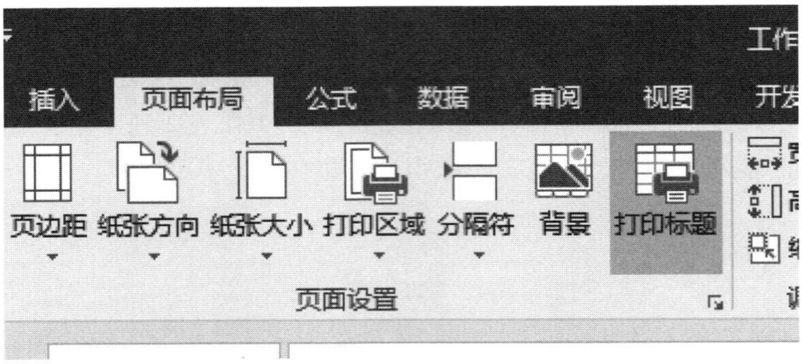

图 1－9　页面设置

3. 分页设置

要插入垂直或水平分页符，请在要插入分页符的位置的下面或右边选中一行或一列，单击鼠标右键，然后单击快捷菜单上的“插入分页符”；或者在“页面布局”选项卡上的“页面设置”组中，单击“分隔符”—“插入分页符”。

要删除所有手动分页符，请右键单击工作表上的任一单元格，然后单击快捷菜单上的“重设所有分页符”。

4. 设置打印区域

运用 Excel 设计模板或表格时，经常用到表格之外参与计算的单元格和公式，要让这些参与计算的单元格或公式不出现在打印出来的报表中，或者说打印工作表上的特定选定内容，用 Excel 中的“设置打印区域”功能就可以实现。首先选择要打印的区域，单击“页面布局”选项卡上的“打印区域”按钮，单击“设置打印区域”菜单条即可设置。单击“取消打印区域”可取消所有的打印区域。设置多区域的打印区域，可以在选取区域时按［Ctrl］键选择多个区域再设置，也可以设置完第一个打印区域后，选择新的打印区域，点选“打印区域”按钮后，出现“添加到打印区”菜单条，点击即可。

5. 打印每页标题

对于一个较长的工作表要打印成多个打印页，如果需要在每个打印页的顶部都显示标题栏或表头，或者左侧将特定的行或列重复用作标题或标签，则可利用“打印标题”按钮完成。例如，如果第 1 行和第 2 行包含有助于了解工作表中的数据的标签，则可以在每个打印页上重复这些行。选择要打印的工作表，在“页面布局”选项卡上的“页面设置”组中，单击“打印标题”。在“工作表”选项卡上的“打印标题”下，执行下列一项或两项操作：在“顶端标题行”框中，键入对包含列标签的行的引用；在“左端标题列”框中，键入对包含行标签的列的引用。

1.2　Excel 公式和函数

在本节中，将主要介绍 Excel 函数的基本内容，包括公式的基本元素和操作等，然后将会讨论函数的其他相关内容。同时，本节还将介绍函数的插入以及函数中出现的错误值等内容。

1.2.1　Excel 公式

1. 公式

在 Excel 中，公式包含下面基本元素：

（1）运算符。

完成对公式元素的特定计算。一般包含一些符号，如“ + ”“ - ”“ * ”“/”等。

（2）单元格引用。

公式是对单元格中的基本数据进行的运算，所以在公式中需要用一种方式对单元格中的数据进行引用。

（3）值或常量。

在一些公式中会有一些常量，例如系数、每周的天数等，这些值由用户直接输入。

（4）工作表函数。

Excel 的一些基本函数，可以返回一定的函数值。在输入函数时，必须以“ = ”开头，然后输入公式中的全部内容。当在一个空单元格中输入等号时，Excel 就认为在输入一个公式。

2. 使用名称

在 Excel 中，名称表示工作簿中某些项目的标识符。名称可以用来代表工作表、单元格、常量、图表或函数。名称可以在函数和图表中使用。下面介绍如何定义和使用名称，操作步骤如下：

（1）单击“公式”主菜单。

选择“定义名称”命令，即可打开“新建名称”对话框，如图 1 - 10 所示。

（2）定义名称和引用位置。

在“在当前工作簿中的名称”文本框中输入需要定义项目的名称，本例输入“gs”；在“引用位置”文本框中输入所引用项目的地址，或者通过后面的引用切换按钮对工作表进行选择，如图 1－10 所示。

（3）使用名称。

使用名称的一个方法是“粘贴名称”。选择需要粘贴名称的单元格，再选择“公式”“用于名称”“粘贴”命令，打开“粘贴名称”对话框。在该对话框中选择要粘贴的名称，然后单击“确定”按钮即可完成粘贴，如图 1－11 所示。

图 1－10　定义名称

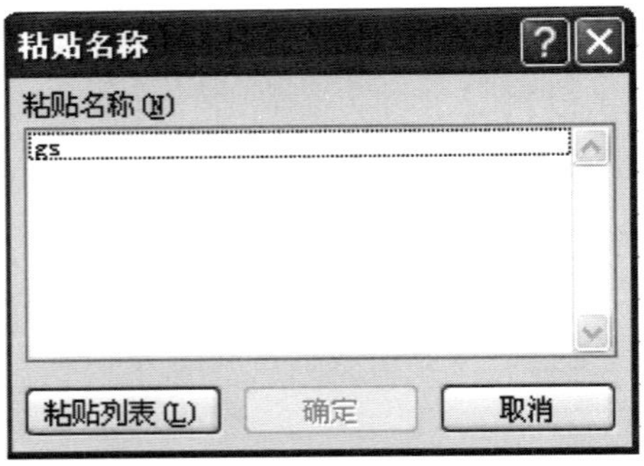

图 1－11　粘贴名称

定义名称有以下优点：

第一，有利于公式的阅读、容易理解和记忆。

第二，每个工作簿内可以共用一组名字。

第三，公式定义不受工作表结构变化的影响。

第四，定义名称相当于绝对引用。

3. 数组公式

数组公式是指对一组或多组值执行多重计算，并返回一个或多个结果的公式。数组公式括于“{}”中。按“Ctrl + Shift + Enter”可以输入数组公式。数组公式中的每个数组参数必须有相同数量的行和列。

（1）数组公式的输入、编辑和删除。

①数组及数组公式的输入。

在 Excel 中，通常使用单元格区域直接键入数值数组，这样键入的数值数组被称为数组常量。如果不想在工作表中按单元格逐个输入数值，可以使用公式的方法生成数组常量，具体操作如下：

a. 选定单元格区域；

b. 在公式编辑栏键入“ = {}”，在大括号中输入数组数值，数组中不同列的数值用“,”分开，不同行的数值用分号“;”分开；

c. 同时按“Ctrl + Shift + Enter”组合键。

在 B1:D1 中输入 4，6，8，在 B2:D2 中输入 5，10，15，并且构成一个数组。按以上步骤，首先选定单元格区域 B1:D2，键入公式“ = {4,6,8;5,10,15}”，则可以得到如图 1 – 12 所示的数组。

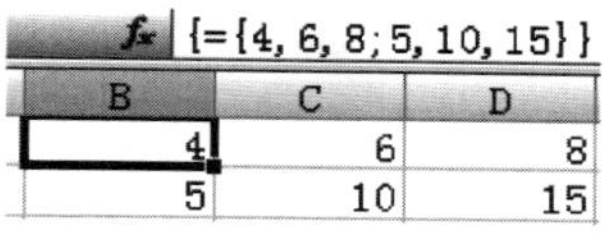

图 1 – 12　数组公式

数组公式的输入方法也如上所述，但在第一步选择单元格区域时有所区别，如果数组公式将返回一个结果，只需选择一个单元格；如果数组公式将返回多个结果，则要选定需要输入数组公式的单元格区域。

将上述数组乘以常数 2，操作步骤如下：

选择单元格区域 F1:H2，键入公式“ = B1:D2 * 2”，同时按“Ctrl + Shift + Enter”组合键，得到如图 1 – 13 所示的数组。

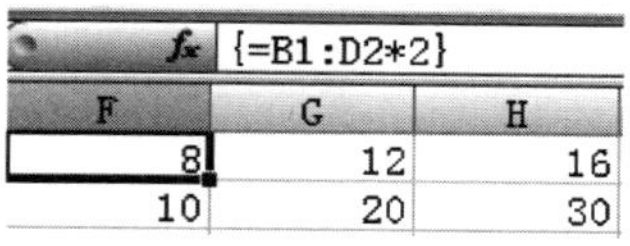

图 1 – 13　数组计算公式

②编辑数组公式。

使用者不能对数组公式中的某一个单元格或单元格区域进行编辑、修改、移动和删除。如果对数组公式进行修改，必须按如下步骤进行：

a. 在数组区域中单击任一单元格；

b. 单击公式编辑栏，当编辑栏被激活时，大括号“ {}”在数组公式中消失；

c. 编辑数组公式的内容；

d. 修改完毕后，同时按“Ctrl + Shift + Enter”组合键。

要删除数组公式，先选定存放数组公式的所有单元格，然后按鼠标右键选择“清除内容”或“删除”即可。

使用者如果点击进入数组公式中的某一个单元格而不能退出时，请按“Esc”键退出。

（2）数组公式的应用。

利用数组公式可以实现同时对多个单行数据区域的和、乘积以及多行数组的计算。运用数组实现这些计算，比直接复制公式更快捷，而且公式结果作为一个数组公式，使用者不容易对其误操作或篡改。

①用数组公式计算多个单行数据区域的乘积。

【例 1－1】 某企业 1～12 月份的产品销量和销售价格如图 1－14 所示，计算每月销售额。步骤如下：

B4　　{=B2:M2*B3:M3}

	A	B	C	D	E	F	G	H	I	J	K	L	M
1	月份	1	2	3	4	5	6	7	8	9	10	11	12
2	销量	1000	1050	1070	1030	1100	1100	1160	1120	1090	1050	1030	1010
3	单价	11	11	11	10	10	10	9	9	10	11	11	11
4	销售额	11000	11550	11770	10300	11000	11000	10440	10080	10900	11550	11330	11110

图 1－14　多个单行数据区域的乘积

（1）选取单元格区域 B4：M4；

（2）输入公式“＝B2：M2 * B3：M3”；

（3）同时按“Ctrl + Shift + Enter”组合键。

②用数组公式计算多个多行数据区域进行相乘的计算。

【例 1－2】 某汽车企业生产四个品牌的汽车 A、B、C、D，每种品牌有 5 个系列，分别为 X1、X2、X3、X4、X5，其价格表如图 1－15 所示，计算各产品系列降价 10% 后的价格表。步骤如下：

H3　　{=B3:E7*(1-10%)}

	A	B	C	D	E	F	G	H	I	J	K
1		原价格表						降价10%后价格表			
2		品牌A	品牌B	品牌C	品牌D			品牌A	品牌B	品牌C	品牌D
3	X1	100	110	120	100		X1	90	99	108	90
4	X2	105	108	123	106		X2	95	97	111	95
5	X3	110	111	112	113		X3	99	100	101	102
6	X4	115	104	129	118		X4	104	94	116	106
7	X5	120	102	132	124		X5	108	92	119	112

图 1－15　多个多行数据区域的进行相乘的计算

选取单元格区域 H3:K7，输入公式“ = B3:E7 * (1 - 10%)”，同时按“Ctrl + Shift + Enter”组合键。

【例 1 - 3】利用数组公式编制乘法口诀表。

在 A2:A10 分别输入 1，2，3，…，9，在 B1:J1 分别输入另一组乘数 1，2，3，…，9，选择数组区域 B2:J10，输入公式：“ = A2:A10 * B1:J1”，最后同时按“Ctrl + Shift + Enter”组合键，如图 1 - 16 所示。

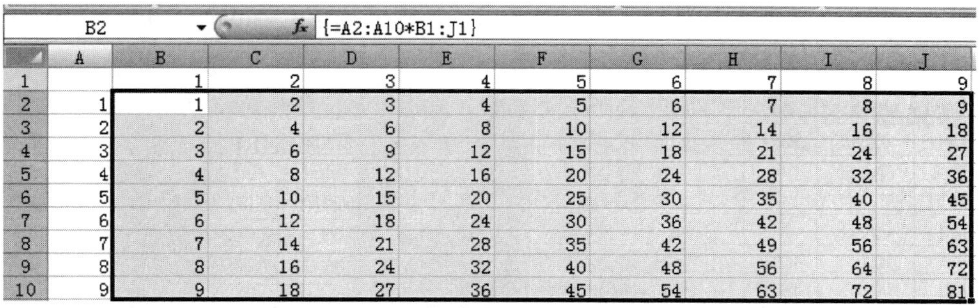

B2　{=A2:A10*B1:J1}

	A	B	C	D	E	F	G	H	I	J
1		1	2	3	4	5	6	7	8	9
2	1	1	2	3	4	5	6	7	8	9
3	2	2	4	6	8	10	12	14	16	18
4	3	3	6	9	12	15	18	21	24	27
5	4	4	8	12	16	20	24	28	32	36
6	5	5	10	15	20	25	30	35	40	45
7	6	6	12	18	24	30	36	42	48	54
8	7	7	14	21	28	35	42	49	56	63
9	8	8	16	24	32	40	48	56	64	72
10	9	9	18	27	36	45	54	63	72	81

图 1 - 16　数组公式编制乘法口诀表

1.2.2　Excel 函数

函数是 Excel 中极为重要的组成部分，在一般性的计算应用和数据管理中，函数承担着绝大部分的工作。函数是预先编写的公式，可以对一个或多个值执行运算，并返回一个或多个值。函数可以简化和缩短工作表中的公式，尤其在用公式执行很长或复杂的计算时。Excel 大约内置 350 个函数，这些函数按照功能和作用的不同，可以分为财务、日期和时间、逻辑、查找和引用、文本、数学和三角、统计、数据库、工程和信息函数等大类。

函数的格式：= 函数名（参数 1，参数 2，…，参数 n）。

参数：函数中用来执行操作或计算的值。参数的类型与函数有关。函数中常用的参数类型包括数字、文本、单元格引用和名称。

在使用函数时，要注意以下问题：

（1）函数中的逗号、引号等都是半角字符，而非全角的中文字符；

（2）函数有多个参数时，参数之间要用逗号分隔；省略中间的函数时，逗号不能省略；

（3）函数名与其后的括号之间不能有空格；

（4）函数的参数个数最多为 255，嵌套（在某些情况下，可能需要将相应函数作为另一函数的参数）使用层数最多为 64 层。

下面为使用者介绍 Excel 软件中常用的内置函数。

1. 逻辑函数

（1）IF( )。

条件函数。如果指定条件的计算结果为 TRUE，IF 函数将返回某个值；如果该条件的计算结果为 FALSE，则返回另一个值。

语法：IF(logical_test,[value_if_true],[value_if_false])。

参数：logical_test，计算结果可能为 TRUE 或 FALSE 的任意值或表达式；value_if_true 是 logical_test 参数的计算结果为 TRUE 时所要返回的值；value_if_false 是 logical_test 参数的计算结果为 FALSE 时所要返回的值。

【例 1－4】 在 A1 单元格中录入学生成绩，在 B1 单元格判断该学生成绩，学生成绩大于或等于 60 分显示为及格，小于 60 分显示为不及格。选择 B1 单元格，计算公式为：=IF(A1 >=60,"及格","不及格")，或者可以利用 Excel 提供的函数向导进行录入，如图 1－17 所示。

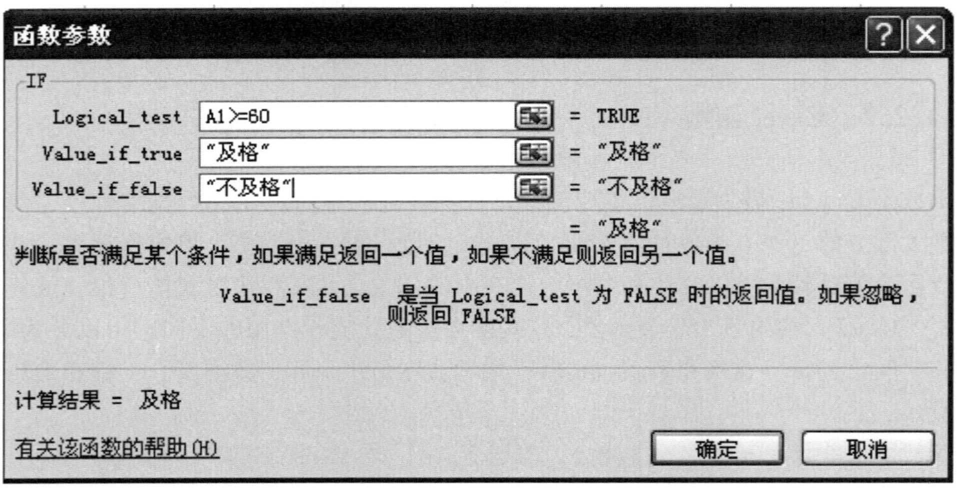

图 1－17　IF 函数参照

IF( )函数还可以用作嵌套函数来使用。目前最多可以使用 64 个 IF 函数作为 value_if_true 和 value_if_false 参数进行嵌套，以构造更详尽的公式。

【例 1－5】 接【例 1－4】，如果学生成绩判断标准为多个级别，大于 60 分小于 70 分为及格，大于 70 分小于 80 分为中等，大于 80 分小于 90 分为良好，大于 90 分为优秀，那么，该语句表达为：

=IF(A1 <60,"不及格",IF(A1 <70,"及格",IF(A1 <80,"中等",IF(A1 <90,"良好","优秀"))))

（2）AND( )。

与函数。所有参数的计算结果为 TRUE 时，返回 TRUE；只要有一个参数的计算结果果为 FALSE，即返回 FALSE。

语法：AND(logical1,[logical2],…)。

参数：logical1，要检验的第一个条件，其计算结果可以为 TRUE 或 FALSE；logical2，…，要检验的其他条件，其计算结果可以为 TRUE 或 FALSE，最多可包含 255 个条件。

(3) OR()。

或函数。在其参数组中，任何一个参数逻辑值为 TRUE，即返回 TRUE；任何一个参数的逻辑值为 FALSE，即返回 FALSE。

语法：OR(logical1,[logical2],…)。

参数：Logical1，logical2，…，logical1 是必需的，后继的逻辑值是可选的。这些是 1～255 个需要进行测试的条件，测试结果可以为 TRUE 或 FALSE。

(4) NOT()。

对参数值求反。当要确保一个值不等于某一特定值时，可以使用 NOT 函数。

语法：NOT(logical)。

参数：logical，一个计算结果可以为 TRUE 或 FALSE 的值或表达式。

如果逻辑值为 FALSE，函数 NOT 返回 TRUE；如果逻辑值为 TRUE，函数 NOT 返回 FALSE。

2. 数学与三角函数

(1) SUM()。

无条件求和函数，计算若干个参数的和。

语法：SUM(number1,number2,…)。

参数：number1，number2，…为 1～255 个需要求和的参数。

注意：直接键入到参数表中的数字、逻辑值及数字的文本表达式将被计算；如果参数为数组或引用，只有其中的数字将被计算，数组或引用中的空白单元格、逻辑值、文本或错误值将被忽略；如果参数为错误值或不能转换成数字的文本，将会导致错误。

【例 1－6】 SUM(3,2) 等于 5；如果单元格 A2:E2 包含 5，15，30，40 和 50，则 SUM(A2:C2) 等于 50，SUM(B2:E2,15) 等于 155。

SUM("3",2,TRUE) 等于 6，因为文本值被转换成数字，而逻辑值“TRUE”被转换成数字“1”。

不同于前例，如果 A1 包含“3”，而 B1 包含“TRUE”，则 SUM(A1,B1,2) 等于 2，因为对非数值型的值的引用不能被转换成数值。

(2) SUMIF()。

按给定条件对指定单元格求和。

语法：SUMIF(range,criteria,sum_range)。

参数：range 是要根据条件计算的单元格区域。每个区域中的单元格都必须是数字和名称、数组和包含数字的引用，空值和文本值将被忽略。

criteria 为确定哪些单元格将被相加求和的条件，其形式可以为数字、表达式或文本。例如，条件可以表示为“32”“56”“apples”。

sum_range 为需要求和的实际单元格。只有当 range 中的相应单元格满足条件时，才对 sum_range 中的单元格求和；如果省略 sum_range，则直接对 range 中的单元格求和。

【例 1 – 7】 对商品销售清单按产品名称汇总，在 H3、H4、H5 分别输入产品名称，在 I3 输入公式“=SUMIF($C$2:$C$73,H3,$F$2:$F$73)”，并将其复制到 I3、I4 单元格，即可以得到如图 1 – 18 所示的汇总数据。

I3 =SUMIF($C$2:$C$73,H3,$F$2:$F$73)

	C	D	E	F	G	H	I
1	商品名	单价	数量	金额			
2	CRT电视机	3,000.00	1240	3,720,000.00		商品名	销售额
3	CRT电视机	3,000.00	2100	6,300,000.00		CRT电视机	116640000
4	CRT电视机	3,000.00	1200	3,600,000.00		等离子电视机	62580000
5	CRT电视机	3,000.00	1200	3,600,000.00		液晶电视机	166100000

图 1 – 18　SUMIF( ) 函数公式

(3) SUMPRODUCT( )。

在给定的几组数组中，将数组间对应的元素相乘，并返回乘积之和。

语法：SUMPRODUCT(array1,array2,array3,…)。

参数：array1，array2，array3，…为 2 ~ 255 个数组，其相应元素需要进行相乘并求和。数组参数必须具有相同的维数，否则，函数将返回错误值#VALUE!。

【例 1 – 8】 要计算某企业的年销售总额，可以在 B5 单元格输入公式：“=SUMPRODUCT(B2:M2,B3:M3)”即可，如图 1 – 19 所示。

B5 =SUMPRODUCT(B2:M2,B3:M3)

	A	B	C	D	E	F
1	月份	1	2	3	4	5
2	销量	1000	1050	1070	1030	1100
3	单价	11	11	11	10	10
4	销售额	11000	11550	11770	10300	11000
5	全年销售额	132030				

图 1 – 19　SUMPRODUCT( ) 函数公式

(4) INT( )。

取整函数，返回舍去小数后的整数值。

语法：INT(number)。

参数：number 是需要进行取整处理的实数。

例如，INT(8.9) = 8，INT(– 8.9) = – 9。

(5) ROUND()。

四舍五入函数，返回某个数字按指定位数舍入后的数字。

语法：ROUND(number,num_digits)。

参数：number 是需要进行舍入的数字，num_digits 是指定的位数，按此位数进行舍入。

注意：如果 num_digits 大于 0，则舍入到指定的小数位；如果 num_digits 等于 0，则舍入到最接近的整数；如果 num_digits 小于 0，则在小数点左侧进行舍入。

例如，ROUND(2.15,1)等于 2.2，ROUND(2.149,1)等于 2.1，ROUND(-1.475,2)等于 -1.48，ROUND(21.5,-1)等于 20。

(6) ABS()。

求绝对值函数，返回参数的绝对值。参数的绝对值是参数去掉正负号后的数值。

语法：ABS(number)。

参数：number 是需要计算其绝对值的实数。

例如，ABS(2)等于 2，ABS(-2)等于 2。

(7) SQRT()。

平方根函数，即求一给定数值的平方根。

语法：SQRT(number)。

参数：number 为需要求平方根的数字。如果该数字为负，则函数 SQRT 返回错误值 #NUM!。

例如，SQRT(16)等于 4，SQRT(-16)等于#NUM!，SQRT(ABS(-16))等于 4。

3. 文本函数

在 Excel 中，输入的汉字或英文字母被认为是文本或字符串，而输入的数字被计算机默认为一个数字。但有些文本是通过数字来表述的，如电话号码和邮政编码，因此人们有时希望计算机将数字理解为文本。要使计算机实现这一功能，就必须由用户来告诉计算机，也就是在数字输入时有所区别。可以用以下两种方法让计算机知道输入的数字是文本。第一种方法：给该数字加上双引号，并在前面加上等号，例如，="100"；第二种方法：在该数字前加上单引号，例如输入“'100”。

对于文本的处理，还可以用以函数的形式表述。下面介绍一些文本函数。

(1) VALUE()。

用于将字符转化为数值函数。如果用文本格式在工作表中输入了数字（用一对引号将数字括起来），那么可以使用该函数将其转化为数字。

语法：VALUE(文本参数)。

例如，VALUE("123")的返回值为 123。

(2) TEXT()。

用指定的格式将数字转换为一个文本字符串。

语法：TEXT(参数,格式)。

参数可以是任何数、表达式或内容是数字的单元格引用。“格式”参数应当用 Excel 规定的格式化符号表示。

例如，TEXT(123,“000. 00”)的返回值为 123. 00。

(3) LEN( )。

可以用来测出一个文本字符串的长度。

语法：LEN(“字符串”)。

例如，LEN(“GOOD”)的返回值为 4。假定 A2 的值为“123456”，则 LEN(A2)的返回值为 6。

(4) RIGHT( )。

用于从指定字符串中提取右边的 N 个字符。

语法：RIGHT(字符串,N)。

例如，RIGHT(“ABCD”,2)的返回值应为“CD”。

使用该函数应当注意 N 的取值应小于字符串的总长度，否则此函数的使用将无任何意义。

(5) LEFT( )。

用于从指定字符串中提取左边的 N 个字符。

语法：LEFT(字符串,N)。

例如，LEFT(“ABCD”,2)的返回值为“AB”。

使用该函数应当注意 N 的取值应小于字符串的总长度。

(6) MID( )。

用于从指定字符串中第 M 个字符开始提取 N 个字符。

语法：MID(字符串,M,N)。

例如，MID(“ABCD”,2,2)的返回值为“BC”。

注意 M 和 N 的取值均应小于字符串的总长度。

4. 查找与引用函数

(1) LOOKUP( )。

功能是返回向量（单行区域或单列区域）或数组中的数值。LOOKUP 函数有两种语法形式：向量形式和数组形式。LOOKUP 函数的向量形式是在单行区域或单列区域中查找数值，然后返回第二个单行区域或单列区域中相同位置的数值；LOOKUP 函数的数组形式是在数组的第一行或第一列查找指定的数值，然后返回数组的最后一行或最后一列中相同位置的数值。一般而言，最好使用 HLOOKUP 或 VLOOKUP 函数而不是 LOOKUP 的数组形式。LOOKUP 的这种形式是为了与其他电子表格程序兼容而提供的。

①向量形式。公式为：

=LOOKUP(lookup_value,lookup_vector,result_vector),

式中，

Lookup_value：函数 LOOKUP 在第一个向量中搜索的值。Lookup_value 可以是数字、文本、逻辑值、名称或对值的引用。

Lookup_vector：只包含一行或一列的区域。lookup_vector 中的值可以是文本、数字或逻辑值。

Result_vector：只包含一行或一列的区域。它必须与 lookup_vector 大小相同。

说明：lookup_vector 中的值必须以升序顺序放置，否则，LOOKUP 可能无法提供正确的值。大写文本和小写文本是等同的。如果找不到 lookup_value，则自动查找 lookup_vector 中小于或等于 lookup_value 的最大数值。如果 lookup_value 小于 lookup_vector 中的最小值，则函数 LOOKUP 返回错误值#N/A。

②数组形式。公式为：

=LOOKUP(lookup_value,array)

式中，

lookup_value：函数 LOOKUP 在数组中搜索的值。Lookup_value 可以是数字、文本、逻辑值、名称或对值的引用。

array：要进行查找的数组区域。

(2) VLOOKUP()。

用于从搜索表区域首列中查找满足条件的元素，确定行序号，返回该行中参数索引列号指定的单元格中的值。

语法：VLOOKUP(查找值,查找表区域,索引列号,检索类型)。

(3) HLOOKUP()。

用于在一个构造好的表中的最上行查找一个指定值（列号），返回该列中参数索引行号指定的单元格中的值。

语法：HLOOKUP(查找值,查找表,索引行号,检索类型)。

该函数与 VLOOKUP 函数类似。不同之处在于它是在首行进行检索，先得到的是列坐标，然后再根据第三个参数来得到行坐标。

(4) INDIRECT()。

用于间接引用。

语法：INDIRECT(地址,地址类型)。

其中："地址"是一个单元格地址，类型可以是 A1、R1C1（R—行；C—列）或单元格格式。"地址类型"的取值是 1、0 或省略。当"地址类型"为 1 时，Excel 把"地址"理解为 R1C1 格式；当"地址类型"为 0 或省略时，Excel 把"地址"理解为 A1 或单元名格式。

例如，工作表的单元格 A1 中含有单元格 D2，而单元格 D2 的内容为 11，那么公式 INDIRECT(D2)的返回值是 11。

5. 统计函数

(1) AVERAGE( )。

平均数函数。计算若干个参数的算术平均数，返回参数平均值（算术平均）。

语法：AVERAGE(number1,number2,…)。

参数：number1，number2，…是要计算平均值的 1～30 个参数。

注意：如果数组或单元格引用参数中有文字、逻辑值或空单元格，则忽略其值。但是，如果单元格包含零值则计算在内。对单元格中的数值求平均时，应牢记空单元格与含零值单元格的区别，尤其在“选项”对话框中的“视图”选项卡上已经清除了“零值”复选框的条件下，空单元格不计算在内，但计算零值。若要查看“选项”对话框，单击“工具”菜单中的“选项”命令。

例如，如果 A1:A5 命名为 scores，其中的数值分别为 10、7、9、27 和 2。那么，AVERAGE(A1:A5)等于 11；AVERAGE(scores)等于 11；AVERAGE(A1:A5,5)等于 10；AVERAGE(A1:A5)等于 SUM(A1:A5)/COUNT(A1:A5)等于 11；如果 C1:C3 命名为 otherScore，其中的数值为 4、18 和 7，那么，AVERAGE(scores,otherScores)等于 10.5。

(2) COUNT( )。

返回参数的个数。利用 COUNT 函数可以计算数组或单元格区域中数字项的个数。

语法：COUNT(value1,value2,…)。

参数：value1，value2，…是包含或引用各种类型数据的参数（最多可达 30 个），但只有数字类型的数据才被计数。

注意：COUNT 在计数时，将把数字、空值、逻辑值、日期或以文字代表的数计算进去；但是错误值或其他无法转化成数字的文字则被忽略。如果参数是一个数组或引用，那么只统计数组或引用中的数字；数组中或引用的空单元格、逻辑值、文字或错误值都将忽略。

(3) MAX( )。

返回数据集中的最大数值。

语法：MAX(number1,number2,…)。

其中，number1，number2，…为需要找出最大数值的参数，最多可达 30 个。

注意：可以将参数指定为数字、空白单元格、逻辑值或数字的文本表达式。如果参数为错误值或不能转换成数字的文本，将产生错误。如果参数为数组或引用，则只有数组或引用中的数字将被计算。数组或引用中的空白单元格、逻辑值或文本将被忽略。如果参数不包含数字，函数 MAX 返回 0。

例如，如果 A1:A5 包含数字 10、7、9、27 和 2，则：MAX(A1:A5)=27，MAX(A1:A5,30)=30。

(4) MIN( )。

返回给定参数表中的最小值。

语法：MIN(number1,number2,…)。

其中，number1，number2，…是要从中找出最小值的参数，最多可达 30 个。

注意：参数可以是数字、空白单元格、逻辑值或表示数值的文字串。如果参数中有错误值或无法转换成数值的文字时，将引起错误。如果参数是数组或引用，则函数 MIN 仅使用其中的数字、数组或引用中的空白单元格，而逻辑值、文字或错误值将被忽略。如果参数中不含数字，则函数 MIN 返回 0。

例如，如果 A1:A5 中依次包含数值 10，7，3，27 和 2，则：MIN(A1:A5)=2，MIN(A1:A5,0)=0。

1.3　Excel 图表处理

1.3.1　图表类型

Excel 提供了十几种标准图表类型，有柱形图、折线图、饼图、条形图、面积图、XY 散点图、股价图、曲面图、圆环图、气泡图、雷达图，每种图表类型又有不同的子类型。此外，Excel 还可以自定义图表类型，用户可根据不同的需要选用适当的图表类型。

1.3.2　创建 Excel 图表

创建 Excel 图表按照以下顺序进行：

1. 数据准备

首先将要绘制图表的基础数据录入到 Excel 环境下。

下面以某企业某年 1 ~6 月份的销售收入与销售成本为例，录入的基础数据如图 1 -20 所示。

	A	B	C	D	E	F	G
1	月份	1	2	3	4	5	6
2	销售额	1100	1150	1000	1200	1300	1400
3	销售成本	800	830	810	880	930	1000

图 1 -20　输入销售数据

2. 创建图表

选取单元格区域 A2:G3，在功能区选择“插入”选项卡，在“图表”组中选带数据点的折线图（见图 1 -21），即得到如图 1 -22 所示的图表。

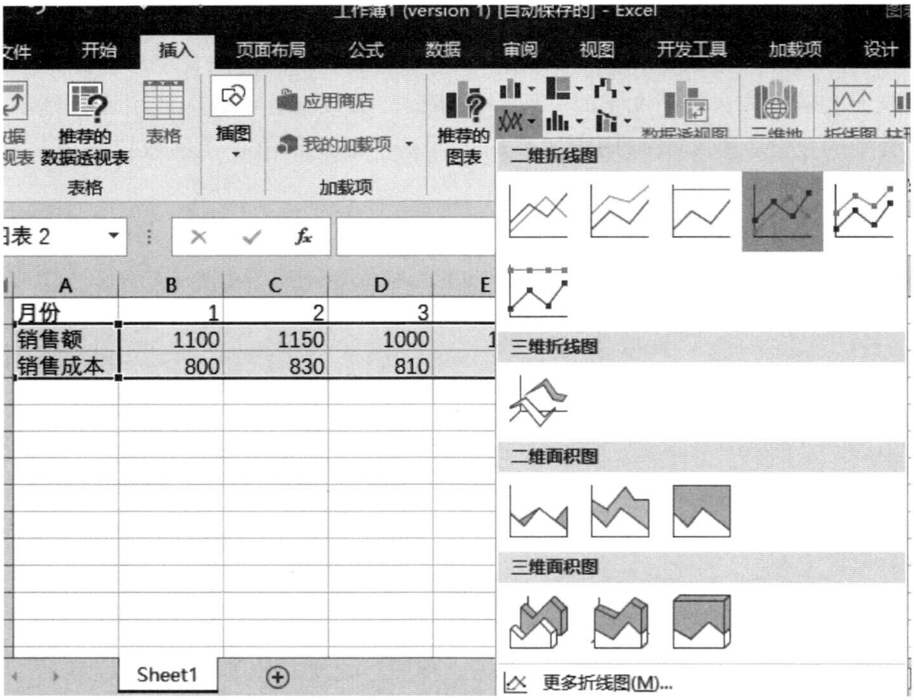

图 1－21　选择折线图的界面

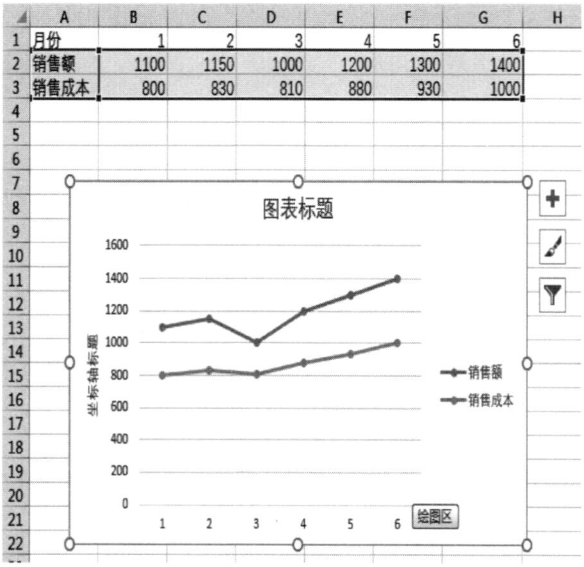

图 1－22　销售折线图

3. 图表编辑、修改及格式化

建立完毕的图表还需要进行编辑、修改及格式化等工作。

（1）添加图表元素。

建立完毕的图表在激活状态，在图的右侧有三个小图标，点击第一个［＋］，表示添加图表元素，可以添加包括坐标轴、坐标轴标题、图标标题、数据标签、数据表、网格线等在内的图表元素（见图 1－23）。

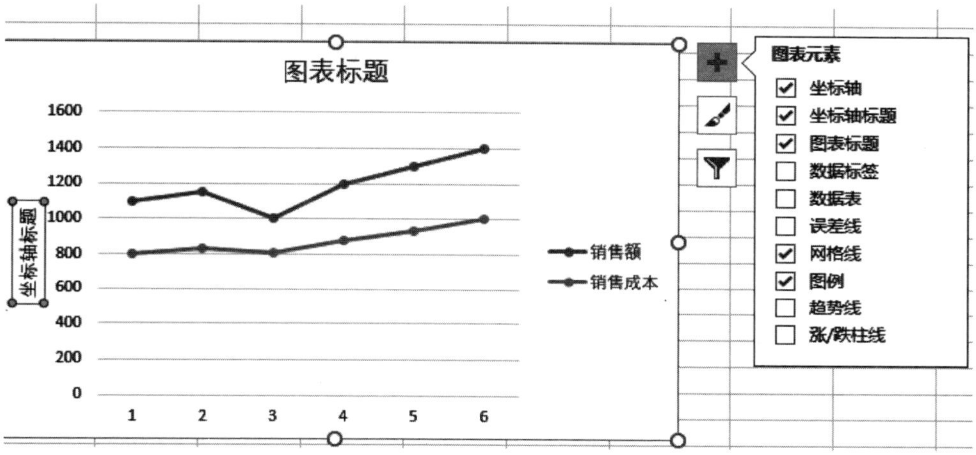

图 1－23　增加图表元素

（2）图表样式和颜色。

图 1－23 右侧的第二个小图标表示更改图表的样式和颜色，分别选择用户所需要的样式和颜色。

（3）图标筛选器。

图 1－23 右侧的第三个小图标，用于筛选需要的数据。

（4）图表的格式化。

建立好的图表在激活状态，点击的“图表工具”，分别可以对该图表进行“添加图标元素，快速布局、更改颜色、切换行/列、选择数据、更改图标类型、移动图标”等各项操作（见图 1－24）。

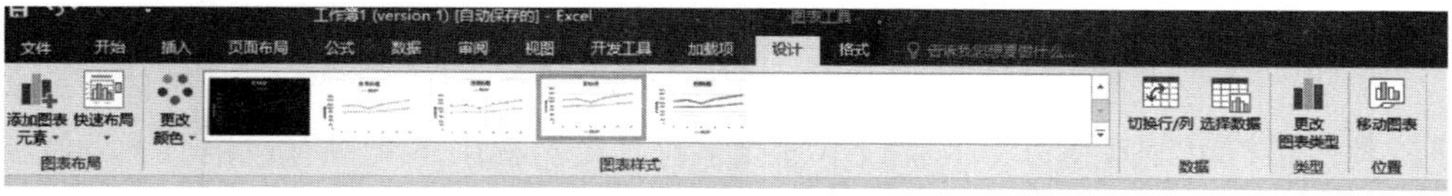

图 1－24　图表编辑

1.4 宏与 VBA 初步使用

1.4.1 宏的使用

1. 宏的概述

如果在 Microsoft Excel 中要经常重复某项任务，可以用宏将其变为可自动执行的任务。宏是一组命令的集合。宏程序是指用 VBA 提供的各种函数、语句、对象、方法和属性等编写的程序。要建立宏程序，首先单击 Excel“文件”菜单，点击“选项”进入“Excel 选项”窗口，点选“自定义功能区”项，在右侧的“主选项卡”窗口点选“开发工具”，就会在 Excel 主窗口出现“开发工具”选项卡。

使用者有两种方法来建立宏程序：

（1）选择“开发工具”—“代码”组中“Visual Basic”，便进入 Visual Basic 编辑器界面。选择“插入”菜单中“模块”命令，Excel 就会在工作簿中增加宏模块 1，此时可以输入和编辑宏程序。

（2）选择“开发工具”—“代码”组中“宏”，Excel 就会自动录制简单的宏程序。

对于学习过其他编程语言的使用者来说，只需要熟悉 VBA 提供的各种语句、对象的方法和属性等，就可以很快编出宏程序。对于没有学习过编程语言或对宏语言不熟悉的使用者来说，编程序较困难，但可以利用 Excel 提供的宏记录器，自动记录在 Excel 中进行的各种操作，并自动生成宏程序。

2. 录制宏

Excel 提供的宏记录器应用起来非常简单，它的基本思路是将用户的操作步骤跟踪记录下来，写在一个由用户命名的文件中，以后只要打开并运行这个文件，所记录的操作步骤就重复执行一次。它可以帮助使用者记录所做的各项操作，当操作结束时，关闭宏记录器，宏程序便保存在宏表中。

记录宏的方法操作步骤如下：

（1）选择“开发工具”—“代码”—“录制宏”命令，或者点击页面左下角的“录制新宏”按钮，出现如图 1－25 所示的对话框。

（2）在“宏名”编辑框中输入宏的名称。注意：宏名称的首字符必须是字母或中文字，其他字符可以是字母、数字或下划线字符。宏名称中不允许有空格，下划线字符也可以作为分词符。

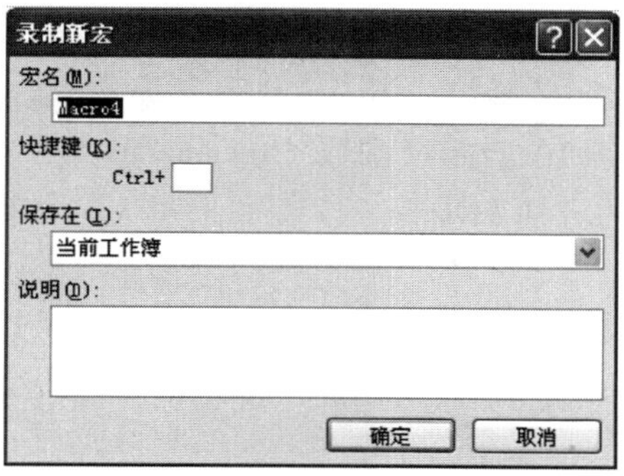

图1－25 录制宏窗口

如果要通过键盘快捷键来运行宏，则需要在“快捷键”编辑框中键入一个字母，然后就可以用“Ctrl＋字母”（小写字母）或“Ctrl＋Shift＋字母”（大写字母）的方式来运行宏，此处的字母可以是键盘上的任意字母键。

（3）在“保存在”下拉编辑框中，单击选定宏所要存放的地址。如果要使某个宏随Excel的使用而激活，选择“个人宏工作簿”中，否则选择“新工作簿”或“当前工作簿”，将宏程序保存在相应的工作簿中。

（4）在“说明”编辑框中，输入要录制宏的有关说明信息。

（5）单击“确定”按钮，接下来的操作都将以VBA代码的形式写入宏程序。

（6）录制完成后，请在代码组里单击“停止录制”来结束录制。

3. 运行宏

宏程序被记录下来之后，可以随时运行这个宏。运行宏程序的方法有以下几种：

（1）使用宏对话框。

①选择要操作的工作表。

②选择“开发工具”—“代码”—“宏”，在弹出的宏对话框中，选择需要运行的宏，单击“执行”按钮，计算机将自动执行该程序。

（2）其他方法。

除了上述方法外，还可以在工具栏新增按钮使其与某一个宏相连接，点击此按钮，指定宏就被运行了。如果某个宏仅用于某一特定的对象，例如图表或工作表，那么还可以在该对象上设置运行宏的按钮。这样在该对象被打开时才出现宏操作按钮，才能运行宏。

1.4.2 自定义函数

尽管Excel提供了数百个不同类别的函数，但在实际应用中仍然可能会遇到许多特殊要求，而Excel的内置函数却无法满足，这时就要使用自定义函数。自定义函数是指用户根据自己的需要，通过 Excel 内置的 VBA 功能模块编写代码，设计出实现特定功能的函数。在 Excel 中编写自定义函数，涉及 VB 语言编程，这已超出了本书的范围。因此，下面将以计算个人所得税的自定义函数“IncomeTax( )”为例，来简要介绍在 Excel 中设计和使用自定义函数的方法和步骤。读者如果对 VBA 编程有兴趣，请参考有关的书籍。

首先要打开工作表（或者是一个空白工作表），从“开发工具”选项卡的“代码”组中单击“Visual Basic”，便进入 Visual Basic 编辑器界面（见图 1－26）。

图 1－26 VBA 工作窗口

在 VBA 工作环境中，有 3 个主要的窗口，即工程窗口（左上）、属性窗口（左下）和代码窗口（右侧）（见图 1－26）。工程窗口中列出当前工程项目对象、窗体、类和标准模块以及资源文件和工程中的引用。属性窗口中列出当前选中对象的各种属性，VBA 程序就是通过操作对象的属性而工作的。代码窗口是最主要的工作窗口，编写程序代码的工作就是在这里完成的。如果是首次打开 VBA 工作窗口，则右侧的代码窗口是关闭的。

首先选择“插入”菜单中的“模块”命令，Excel 就会在工作簿中增加宏模块 1；再次单击“插入”菜单，选择“过程”，会出现“添加过程”窗口，如图 1－27（a）所示，然后在名称栏中输入自定义函数的名称，如“IncomeTax”，在类型框中选择“函数”，单击“确定”按钮就会出现图 1－27（b）所示的函数输入状态。

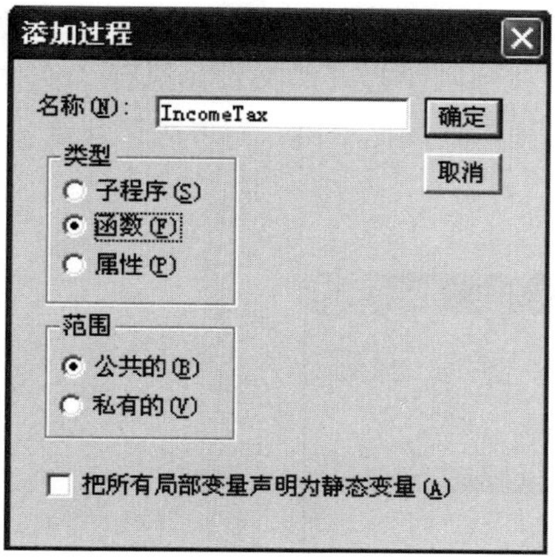

(a)

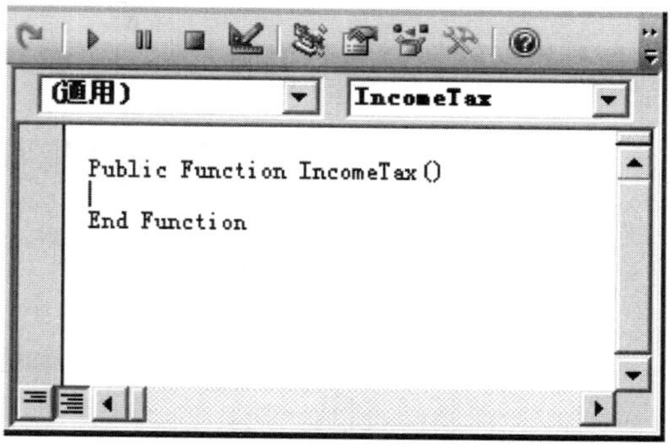

(b)

图 1-27　添加函数

然后将函数名称“IncomeTax( )”括号中加上参数“Total_Income”(应纳税所得额)，并用 VBA 分支结构语句完成内部分支结构语句的输入，形成自定义函数代码如下：

```
Public Function IncomeTax(Total_Income)
  Select Case Total_Income
    Case Is <500
       IncomeTax = Total_Income * 0.5
    Case Is <2000
       IncomeTax = Total_Income * 0.1 - 25
    Case Is <20000
       IncomeTax = Total_Income * 0.15 - 75
    ……
    Case Else
       IncomeTax = Total_Income * 0.45 - 15375
  End Select
End Function
```

单击工具栏上的“保存”按钮，退出 VBA 工作环境。从“公式”选项卡中的选择“插入函数”，从打开的对话框中选择“用户定义”，就可以看到已经保存的自定义函数“IncomeTax”，用户就可以像调用其他类别函数一样使用自定义函数了（见图 1-28）。

需要注意的是，此时自定义函数是保存在特定的工作簿文件中的，只能在该文件中使用。如果需要在其他文件中使用同一自定义函数，就需要将该函数的代码模块导入这些文件中去。操作方法是：打开含有自定义函数的 Excel 文件，打开 VBA 工作窗口，从工程窗口中找到并单击包括自定义函数的模块，打开它的代码窗口，然后执行“文件”

菜单中的“导入文件”，将代码保存在磁盘上，代码文件的后缀默认为“bas”。随后，打开要使用自定义函数的文件，打开 VBA 窗口并找到刚刚打开的文件，执行“文件”菜单中的“导入文件”，从保存模块的位置将模块导入，保存退出。当再次打开这个文件时，就可以使用自定义函数了。

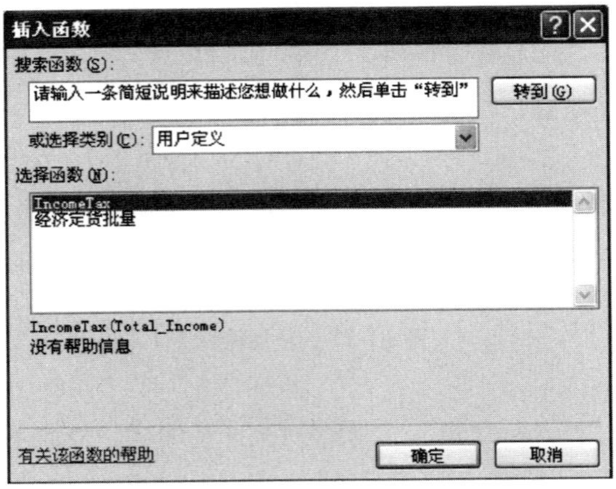

图 1－28　使用自定义函数

如果需要经常调用某个自定义函数，每次使用新文件都要这样导入，就显得很麻烦。这时可以把它制作成 Excel 的“加载宏”，加载到 Excel 中。具体的操作方法是：

(1) 在一个空的工作簿中，进入 VBA 编辑器，输入自定义函数的源代码。

(2) 用 Excel“文件”选项卡的“另存为”命令，将该工作簿文件保存为“Excel 加载宏”格式。

(3) 从“文件”选项卡点击“选项”进入选项卡窗口，点击“加载宏”，点击“转到”，在“加载宏”对话框中选中该项。

本章实验与实训

【实验名称】 Excel 基本知识练习

【实验目的】 熟悉 Excel 报表的格式化、图表的格式化、常用工具的使用，掌握公式和函数的引用方法；掌握 Excel 工作环境的调整、常用工具的使用、工作表的操作和图表、函数、公式的基本使用。

【实验内容】

1. 运用混合地址引用，编制 100×100 乘法表。

2. 结合学过的工资管理系统工资项目，编制工资发放表。要求：

(1) 工资项目不少于 10 项，人员数不少于 20 人；

（2）工作表格式化：要求输入编号（填充）、单元格格式（表格线、字体、对齐方式、数字格式）、应用表样（颜色区分行）等功能的使用；

（3）公式输入：合计数公式、应发数公式等，要求用公式填充功能；

（4）可以尝试使用数组公式重新计算，对比与原公式有何区别；

（5）用 IF( )函数计算应税所得额、用 IF( )函数嵌套计算实现所得税的自动计算；

（6）用 VLOOKUP( )函数功能实现工资所得税的计算；

（7）用自定义函数实现工资所得税的计算；

（8）建立工资项目分析图表，分析工资构成柱状图和饼图。

3. 图表格式化。尝试用 Excel 图表建立象限分析图，建立带有趋势线的柱状图。

4. 打印区设置。制作一张发票或者记账凭证，设置好打印区，并在打印预览中核对打印区设置是否正确。

第 2 章　Excel 资金时间价值模型

2.1　资金时间价值

资金时间价值是现代财务管理的重要基础观念，是现代市场经济活动中客观存在的重要经济现象。资金是属于商品经济范畴的概念，在商品经济条件下，资金是不断运动着的。资金的运动伴随着生产与交换的进行，生产与交换活动会给投资者带来利润，表现为资金的增值。从投资者角度看，资金的增值特性使资金具有时间价值。

资金一旦用于投资，就不能用于现期消费。牺牲现期消费是为了能在将来得到更多的消费，个人储蓄的动机和国家积累的目的都是如此。从消费者角度看，资金的时间价值体现为对放弃现期销售的损失所应做的必要补偿。

在筹资、投资决策中，财务管理人员必须充分了解资金的时间价值。这样可以促使合理有效地利用资金，并且有利于正确的投资决策。

2.1.1　资金时间价值相关概念

资金时间价值是指同一数量的货币在不同时点上的价值量的差额，即随着时间的推移，一定量货币所发生的增值额。

由于资金随时间的延续而增值，现在的 1 元钱和将来的 1 元钱经济价值不相等。所以不同时间段的货币收入或支出不宜直接进行比较，需要把它们换算到相同的时间基础上，然后才能进行大小的比较和比率的计算。任何资金，只有当投入再生产活动时，才有可能产生时间价值。

资金时间价值涉及若干相关概念，包括本金、利率、终值、现值、年金、单利及复利等。

本金——指能够带来时间价值的资金投入，即投资额。本金是产生时间价值的基础。

利率——指本金在一定时间内的价值增值额占本金的百分比。

终值——指本金在若干期末加上所计算利息的总数，又称为“本利和”。

现值——指将来一笔资金按照规定利率折算成的现在价值，折算现值的过程称为“贴现”，贴现所运用的利率称为“贴现率”。

年金——指在连续若干个时期内，每隔相同时间收入或支出的等额款项。在经济活动中，有多种形式的年金，如定期收付的利息、租金、保险费，等额回收的投资收益，按直线法计算的折旧额等，都表现为年金的形式。

2.1.2　单利制和复利制

单利制和复利制是计算时间价值的两种方法或者制度。单利制是仅就本金计算利息，本金在每期所产生的利息就不再加入本金再计算下一期的利息。复利制是不仅本金要计算利息，利息也要计算利息，即将每一期的利息加入本金并计算下一期的利息，又称为“利滚利”。复利制的运用较为广泛，货币时间价值的计算一般都是按照复利的方式进行。

2.1.3　单利终值和单利现值

单利终值和单利现值的计算相对比较简单。其中单利终值的计算公式为：

$$FV = PV + PV \times i \times n = PV \times (1 + n \times i)$$

式中：FV 为第 n 年之后的终值；

PV 为期初数额或现值；

i 为利率，一般为年利率；

n 为时间周期数，一般为年数。

单利现值的计算与单利终值的计算是互逆的，单利现值的计算公式为：

$$PV = FV \times \frac{1}{(1 + i \times n)}$$

利用 Excel 计算单利现值和单利终值非常简单，只需要在单元格输入上述计算公式即可。

【例 2－1】 某人现存入银行 1000 元，单利年利率为 5%，求 5 年后的本利和，选择某一单元格如 B5，直接在编辑栏中录入公式“＝1000 ＊（1 ＋5% ＊5）”，结果为 1250，如图 2－1 所示。同理，某人打算在 5 年后从银行取出 1000 元，单利年利率 5%，求现在需要存入银行的金额，选择某一单元格，直接在编辑栏中录入公式“＝1000/（1 ＋5% ＊5）”，结果为 800，如图 2－2 所示。

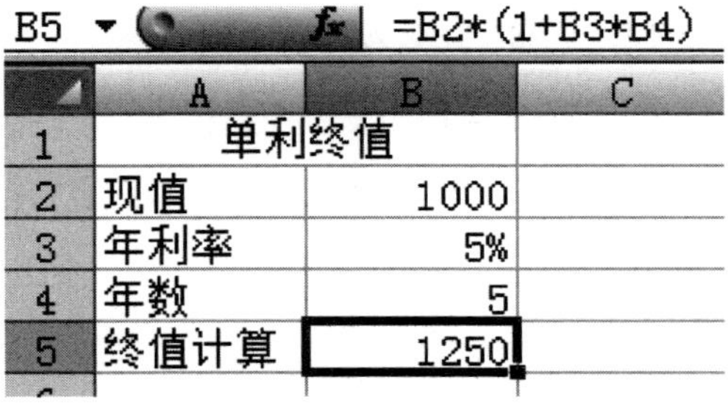

图 2－1　单利终值

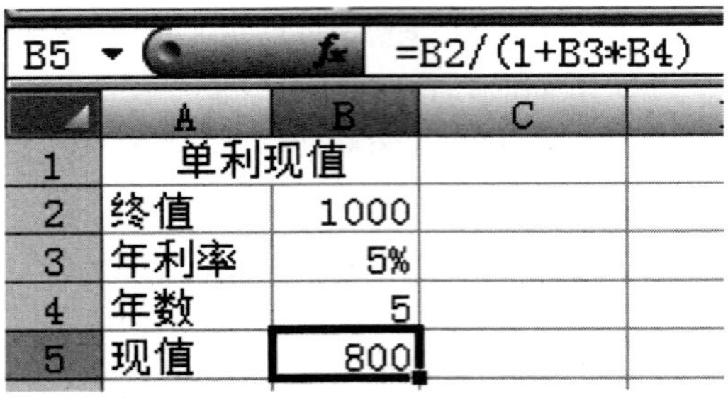

B5 =B2/(1+B3*B4)

	A	B	C
1	单利现值		
2	终值	1000	
3	年利率	5%	
4	年数	5	
5	现值	800	

图 2－2　单利现值

2.1.4　复利终值

复利是指不仅对本金计算利息，而且对以前各期所产生的利息也计算利息的计算方式。复利终值又称未来值，是指一笔资金按一定的利率复利计息时，未来某一时刻的本利和。其计算公式为：

$$FV = PV \times (1 + i)^n$$

式中：FV 为第 n 年之后的终值；

PV 为期初数额或现值；

i 为利率，一般为年利率；

n 为时间周期数，一般为年数。

如果每年复利 m 次，则每期的利率为$\frac{i}{m}$，时间周期数为 m × n，此时复利终值公式为：

$$FV = PV \times \left(1 + \frac{i}{m}\right)^{mn}$$

2.1.5　复利现值

复利现值是指未来某一时期一定数额的货币按复利折合成现在的价值。贴现就是复利的反过程。在已知复利终值、贴现率和贴现期数的条件下，其计算公式为：

$$PV = FV \times \frac{1}{(1 + i)^n}$$

若每年复利 m 次，此时复利现值公式为：

$$PV = FV \times \frac{1}{\left(1 + \frac{i}{m}\right)^{mn}}$$

2.1.6　年金终值

年金是等额、定期的系列收支。在实际工作中，分期收付款、分期偿还贷款、发放养老金、分期支付工程款等都属于年金收付形式。按照收付的次数和支付的时间划分，年金有以下几类：普通年金、先付年金、递延年金和永续年金。下面我们介绍普通年金终值和先付年金终值。

1. 普通年金终值

普通年金是指一定时间内每期期末等额收付的系列款项，又称后付年金。普通年金终值计算公式为：

$$FV = A\frac{(1+i)^n - 1}{i}$$

式中，i 为年利率；

n 为年金处理中的期数；

A 为年金，即每年固定支付或收入的数额；

$\frac{(1+i)^n - 1}{i}$为年金终值系数，用（FA/A，i，n）表示。

2. 先付年金终值

每次收支发生在每期期初的年金称为期初年金或者先付年金。先付年金终值计算公式为：

$$FV = A\frac{(1+i)^{n+1} - 1}{i} - 1$$

式中，$\frac{(1+i)^{n+1} - 1}{i} - 1$ 为先付年金终值系数，用[（FA/A，i，n+1）-1] 表示。

2.1.7　年金现值

1. 普通年金现值

普通年金现值是指一定时间内每期期末取得相等金额，现在需要投入的金额。每年复利一次，普通年金现值计算公式为：

$$PV = A\frac{1-(1+i)^{-n}}{i}$$

式中，$\frac{1-(1+i)^{-n}}{i}$为年金现值系数，用（PA/A，i，n）表示。

2. 先付年金现值

先付年金现值是指每期期初取得相等金额，现在需要投入的金额。每年复利一次，先付年金现值计算公式为：

$$PV = A\frac{1-(1+i)^{-(n-1)}}{i}+1$$

式中，$\frac{1-(1+i)^{-(n-1)}}{i}+1$ 为先付年金现值系数，用［(PA/A，i，n－1)＋1］表示。

3. 永续年金现值

如果年金定期等额支付一直持续到永远，则称为永续年金。永续年金没有终值，可以计算现值。永续年金的现值的计算公式为：

$$PV = \frac{A}{i}$$

2.2 资金时间价值函数

上述资金时间价值的计算，通常比较麻烦。Excel 提供了计算年金、现值、终值等资金时间价值函数，可以方便地实现资金时间价值的计算。

资金时间价值函数从参数上比较类似，基本上是英文单词或者英文单词的缩写，有关的资金之间价值函数的参数说明如下：

rate：每期利率。

nper：年金处理中的总期数。

pmt：每期固定支付的数额，即年金。

pv：初始值或现值，该参数可以省略，省略默认为 0。

fv：终值，该参数可以省略，省略默认为 0。

type：年金类型，逻辑值，其参数值为 0 或 1，取 0 或者缺省时表示普通年金，type 为 1 时表示先付年金。

guess：利率的猜测值，可以省略，则系统假设其值为 10%。

与资金收付表示相同，在参数的使用上，若为付出的金额，则需以负数表示，如果未收入，则以正数表示。

2.2.1 终值函数 FV( )

格式：FV(rate,nper,pmt,pv,type)。

功能：在已知期数、利率、年金或者现值条件下，返回终值数额。可以看出，该函数可以计算年金终值和复利终值。

1. 复利终值模型

【例 2－2】 某人现在存入一笔款项 10000 元，存款利率为 10%，问 5 年后的本利和为多少？

首先，在 Excel 环境下录入基础数据。如图 2－3 所示。

其次，在单元格 B5 中调用终值函数 FV，即首先选中单元格 B5，然后点击“公式”—“插入函数”或者点击 fx 按钮，在搜索函数栏直接录入 FV，点击“转到”按钮，再点击“确定”按钮。

最后，在函数参数中用鼠标进行各个参数的拾取，如图 2－4 所示。点击“确定”按钮，在 B5 单元格显示了计算结果，如图 2－3 所示。

因为资金时间价值计算需要区分资金的流入和流出，流出以负数表示，所以现值 Pv 的参数录入为：－B2。当然，此处也可以采用函数编辑的方式录入，即选择 B5 单元格，直接在编辑栏内录入函数公式：“＝FV(B3,B4,－B2)”，特别注意，在 B4 后的两个逗号都要保留，因为此处是计算复利终值函数，即年金的位置为空。

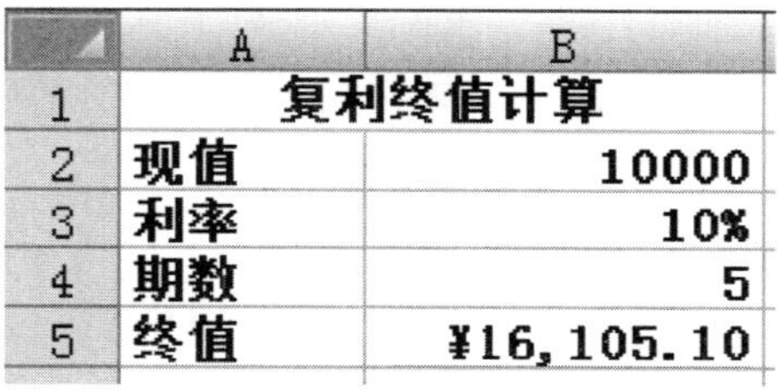

	A	B
1	复利终值计算	
2	现值	10000
3	利率	10%
4	期数	5
5	终值	¥16,105.10

图 2－3　复利终值计算

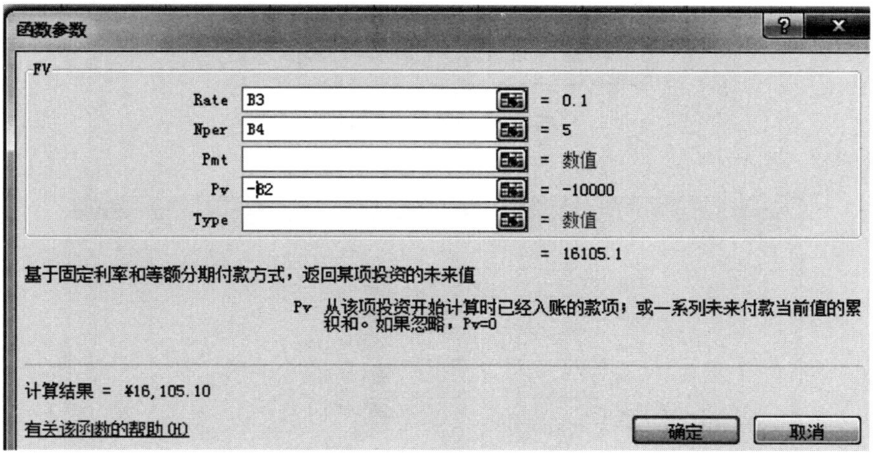

图 2－4　FV 函数参数

2. 年金终值模型

【例 2－3】 5 年中每年存入银行 100 元，存款利率为 10%，求第 5 年年末年金终值。

（1）若每年年初存入，即为普通年金终值计算。

首先，在 Excel 环境下录入基础数据，如图 2－5 所示。

其次，在单元格 B5 中调用终值函数 FV，即首先选中单元格 B5，然后点击 fx 按钮（或者点击公式选项卡，再选择插入函数功能），在搜索函数栏直接录入 FV，点击“转到”按钮，再点击“确定”按钮。

最后，在函数参数中用鼠标进行各个参数的拾取。如图 2－6 所示。点击“确定”按钮，在 B5 单元格显示了计算结果。因为资金时间价值计算需要区分资金的流入和流出，流出以负数表示，所以年金 pmt 的参数录入为：－B2。当然，此处也可以采用函数编辑的方式录入，即选择 B5 单元格，直接在编辑栏内录入函数公式：“＝FV(B3,B4,,－B2)”，特别注意，在 B4 后的两个逗号都要保留，因为此处是计算复利终值函数，即年金的位置为空。

（2）若每年年末存入，即普通年金终值，计算公式为＝FV(10%,5,－100,0,0)，计算结果为 610.51 元。函数参数拾取过程如图 2－7 所示。计算结果如图 2－8 所示。

	A	B	C
1	年金终值模型		
2	年金	100	
3	利率	10%	
4	期数	5	
5	终值	¥671.56	

图 2－5　基础数据录入

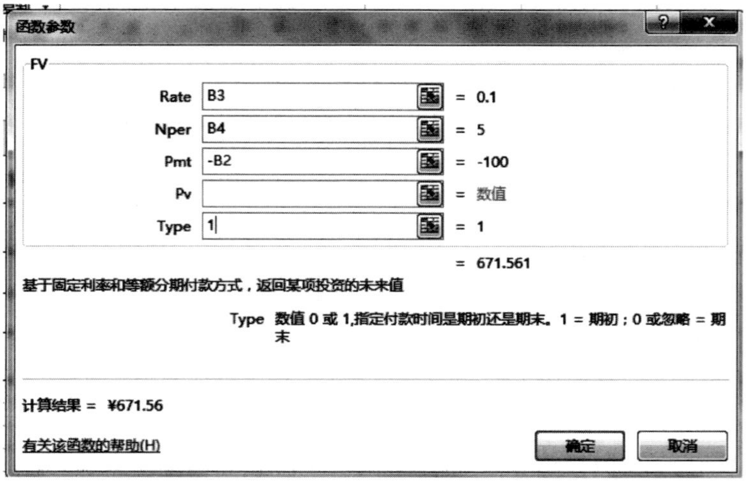

图 2－6　FV 函数

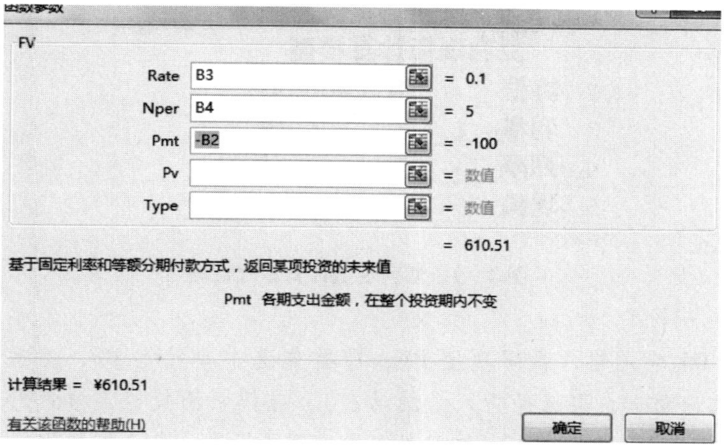

图 2-7　FV 函数

	A	B
1	年金终值模型	
2	年金	100
3	利率	10%
4	期数	5
5	终值	¥610.51

图 2-8　年金终值函数

2.2.2　现值函数 PV( )

格式：PV(rate,nper,pmt,pv,type)。

功能：在已知期数、利率、年金或者终值条件下，返回现值数额。

1. 复利现值计算模型

【例 2-4】 某人准备 5 年后能积累 10 万元，存款利率为 2.5%，建立模型计算他现在要存入多少元？

（1）根据题意建立 Excel 表格，录入基础数据，如图 2-9 所示。

	A	B	C
1	复利现值计算模型		
2	终值	100,000.00	
3	利率	2.50%	
4	期限	5	
5	现值		

图 2－9　复利现值计算基础数据

（2）选择 B5 单元格，调用现值 PV，即首先选中单元格 B5，然后点击 fx 按钮（或者点击公式选项卡，再选择插入函数功能），在搜索函数栏直接录入 PV，点击“转到”按钮，再点击“确定”按钮。在函数参数中用鼠标进行各个参数的拾取，如图 2－10 所示。点击“确定”按钮，计算结果为 88385.43 元。

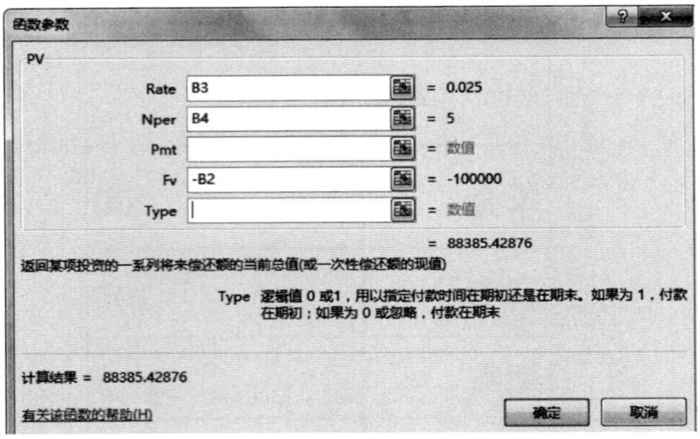

图 2－10　复利现值计算

2. 年金现值计算模型

【例 2－5】 某人现在存入一笔钱，准备在 5 年中每年得到 100 元，存款利率为 10%。若每年年初得到 100 元，即为先付年金现值计算。

首先，在 Excel 环境下录入基础数据，如图 2－11 所示。

	A	B
1	年金现值模型	
2	年金	100
3	利率	10%
4	期数	5
5	现值	

图 2－11　年金现值计算基础数据

其次，在单元格 B5 中调用现值函数 PV，在函数参数中用鼠标进行各个参数的拾取，如图 2－12 所示。点击“确定”按钮，计算结果为 416.99 元。

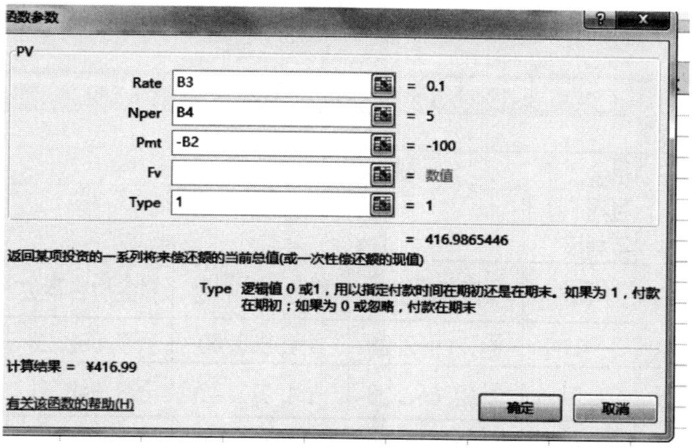

图 2－12 年金现值计算

2.2.3 年金函数

1. 年金函数 PMT( )

格式：PMT(rate,nper,pv,fv,type)。

功能：在已知期数、利率、现值或者终值条件下，返回年金数额。

【例 2－6】 现在存入银行 1000 元，在年利率 10% 条件下，10 年内，每年能从银行提取多少元？

若每年年初得到钱，计算公式为 =PMT(10%,5,－1000,0,1)，计算结果为 239.82。

若每年年底得到钱，计算公式为 =PMT(10%,5,－1000)，计算结果为 263.8。

2. 年金中的利息函数 IPMT( )

格式：IPMT(rate,per,nper,pv,fv,type)。

功能：在已知期数、利率、现值或者终值条件下，返回年金的每期所含的利息部分数额。

3. 年金中的本金函数 PPMT( )

格式：PPMT(rate,per,nper,pv,fv,type)。

功能：在已知期数、利率、现值或者终值条件下，返回年金的每期所含的本金部分数额。

以上函数之间的关系为：PMT( ) = IPMT( ) + PPMT( )。

【例 2-7】某企业租用设备，租金 48000 元，年利率 10%，每年年末支付租金额，租期 5 年。计算每年支付租金额，租金的本金部分和利息部分。

计算结果如图 2-13 所示。

	A	B	C	D
1				
2	租金	48000		
3	租期	5		
4	年利率	10%		
5	年份	支付租金	租金所含利息	租金所含本金
6	1	￥12,662.28	￥4,800.00	￥7,862.28
7	2	￥12,662.28	￥4,013.77	￥8,648.51
8	3	￥12,662.28	￥3,148.92	￥9,513.36
9	4	￥12,662.28	￥2,197.59	￥10,464.69
10	5	￥12,662.28	￥1,151.12	￥11,511.16

图 2-13　租金支付计算

第 1 年计算公式为：

B6 = PMT($B$4,$B$3, -$B$2)

C6 = IPMT($B$4,A6,$B$3, -$B$2)

D6 = PPMT($B$4,A6,$B$3, -$B$2)

将计算公式复制到其他年份单元格即可算出其他年份的支付租金、租金所含利息和租金所含本金部分。

2.2.4　期数函数 NPER()

格式：NPER(rate,pmt,pv,fv,type)。

功能：在已知利率、年金、现值、终值条件下，返回每期付款金额及利率固定的某项投资或贷款的期数。

【例 2-8】某企业租用一条生产线，租金 30000 元，年利率为 8%，每年末支付租金。如果每年支付 8000 元，计算需要多少年支付完租金？

（1）根据题意建立基础数据表格，如图 2-14 所示。

（2）在 B5 单元格中调用函数 NPER，分别用鼠标拾取各项参数，如图 2-15 所示，或者输入公式，“=NPER(B2,B3,B4)”，计算结果为 4.63 年。

	A	B
1	期数函数	
2	利率	8%
3	每年支付租金	8000
4	现值	-30000
5	期数	
6		

图 2 - 14　期数函数

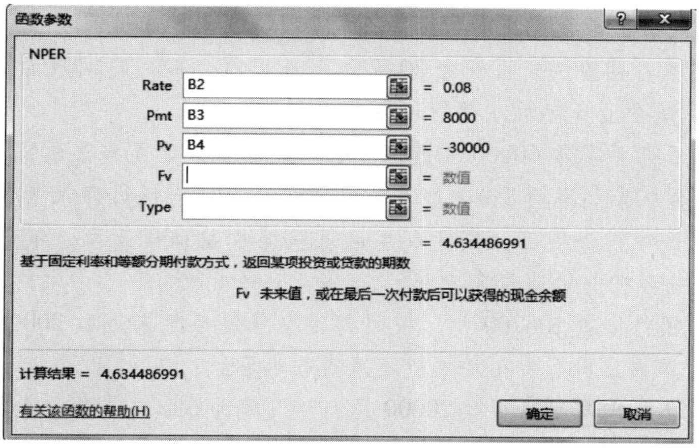

图 2 - 15　期数函数参数

2.2.5　利率函数 RATE( )

格式：RATE(nper,pmt,pv,fv,type,guess)。

功能：在已知期数、年金、现值、终值条件下，返回年金的每期利率。

【例 2 -9】 某企业租用一条生产线，租金 30000 元，每年末支付租金。如果每年支付 8000 元，租期为 5 年，则实际支付利率是多少?

(1) 根据题意建立基础数据表格，如图 2 - 16 所示。

	A	B
1	利率函数	
2	现值	-30000
3	每年支付租金	8000
4	期数	5
5	利率	
6		

图 2 - 16　利率函数

（2）在 B5 单元格中调用利率 RATE 函数，分别用鼠标拾取各项参数，或者输入公式，“＝NPER（B2，B3，B4）”，计算结果为 4.63 年。

本章实验与实训

【实验名称】 Excel 资金时间价值函数练习

【实验目的】 掌握 Excel 资金时间价值函数的使用。

【实验内容】

运用货币时间价值函数完成下列计算：

1. 某企业将本月闲置的货币资金 20 万元存入银行，拟存款期限为 3 年，年利率为 8%。按复利计算该企业 3 年后从银行取得的本利和。

2. 某公司拟 5 年后需要 60000 元购入一台大型设备，为了筹集这笔现款，现在应向银行存入一笔资金，年利率为 8%。按复利计算该公司应向银行存入多少现款。

3. 某企业有一项投资项目，预计 6 年后可获得收益 600 万元，年利率为 12%。按复利计算该项收益现在的价值是多少。

4. 某公司向银行借款 106700 元，按照约定企业每年年末还款 20000 元，借款年复利率为 10%。计算该公司需要几年才能还清借款本息。

5. 某企业每年年末向银行存款 20000 元，年利率为 6%，期限为 4 年。计算第 4 年末的本利和。

6. 某企业打算在第 3 年偿还长期借款的本金和利息 264800 元，从现在起建立偿债基金，即今后 3 年内每年年末向银行存入等额款项，用以到期偿还债务。银行存款的年利率为 10%。计算该公司从第 1 年起，每年年末应存入银行的金额。

7. 某企业现存入银行 50000 元，准备在 4 年后购入一台价值 60000 元的机器设备，若复利 10%，建立模型判断此方案是否可行。

8. 若要使复利终值经两年后成为现在价值的 16 倍，在每半年计算一次利息的情况下，建立公式确定年利率应为多少。

第 3 章 Excel 财务报表

3.1 财务报表概述

财务报表是会计主体对外提供的反映会计主体财务状况和经营成果的会计报表，包括资产负债表、利润表、现金流量表和财务状况变动表、附表和附注。财务报表是财务分析和各项财务管理工作的基础，也是下期财务预算的基础。通过本章学习，要求熟练掌握应用 Excel 软件编制资产负债表、利润表等常用财务报表的原理和方法。

财务报表作为财务核算工作的最终产品，需要综合、概括地向使用者提供有用的会计信息，因而，编制财务报表是财会人员十分重要的工作。应用 Excel 编制财务报表，会使财务报表的编制工作轻松自如，更加准确、及时。

3.1.1 财务报表的性质与用途

财务报表是依据日常会计核算资料编制的，总括地反映在一定时期内的财务状况、经营成果和现金流量变动情况的报告文件。

编制财务报表是为了满足现实的和潜在的投资人、债权人、政府及其管理机构对财务会计信息的需要，财务报表最终是为了满足社会资源的合理配置而提供有用的财务信息。财务报表提供的信息能够被广泛使用，易于理解，从而使其有助于经济决策。

3.1.2 在 Excel 中获取外部数据

Excel 软件可以从其他财务软件的各种数据库格式文件中获取基础数据，引入到 Excel 环境中进行后续的财务分析工作。在 Excel 中获取各种数据源数据的方式主要有以下两种。

1. Excel 利用 Microsoft Query 获取外部数据库

在 Excel 中可以直接调用 Microsoft Query 获取外部数据库的数据，即建立 Excel 与

Query 之间的通信，然后让 Query 与 ODBC 驱动程序之间建立通信，而通过 ODBC 可以与数据库通信，这样通过一系列的通信交换过程便可以实现数据库报表或其他数据的读取。操作过程：点击“数据”主菜单，在其“获取外部数据选项卡”中，显示了各种可能的数据库来源，选择要选择的源数据库格式，即可直接将其导入到 Excel 中，如图 3－1 所示。

图 3－1 获取外部数据

2. 利用 VBA 直接与 ODBC 通信获取外部数据库

利用 VBA，我们可以直接与 ODBC 驱动程序通信，跳过 Query 这一环节。这时要做的是与驱动程序进行链接，发出检索数据的请求，然后将获得的数据放入 Excel 中。

我们可以直接将公司的财务报表数据通过获取外部数据功能导入到 Excel 中，为了将财务报表格式与基础数据间关系分析清楚，熟悉财务报表，本节仅导入科目余额表，图 3－2 为导入的科目余额表。会计科目余额表主要反映企业在经营活动中所设置的科目、资产与权益各要素项目的余额数以及余额数的试算平衡。

将其页面名称改为“科目余额表”。其表头项目的含义是：

KMDM：科目代码；

KMMC：科目名称；

JDFX：借贷方向；

KMNCYE：科目年初余额；

KMQMYE：科目期末余额；

BQFSE：本期发生额。

这个页面（见图 3－2）是后面制作资产负债表和利润表的数据基础，制作资产负债表和利润表要对科目余额表的数据进行引用，从而建立这些数据的联系。

	A	B	C	D	E	F
1	KMDM	KMMC	JDFX	KMNCYE	KMQMYE	BQFSE
2	1001	库存现金	借	75300	505675	430375
3	1002	银行存款	借	1200120	2111500	911380
4	1012	其他货币资金	借	1200	1200	0
5	1101	交易性金融资产	借	500000	500000	0
6	1121	应收票据	借	600000	1200300	600300
7	1122	应收账款	借	250000	3523556.92	3273556.92
8	1123	预付账款	借	100200	398368	298168
9	1221	其他应收款	借	60000	66300	6300
10	1231	坏账准备	贷	1250	1250	0
11	1401	材料采购	借	0	465600	465600
12	1403	原材料	借	800000	3004268.24	2204268.24
13	1404	材料成本差异	借	80000	67838.18	-12161.82
14	1405	库存商品	借	0	251885.41	251885.41
15	1601	固定资产	借	1130000	1380760	250760
16	1602	累计折旧	贷	608000	638051.36	30051.36
17	1604	在建工程	借	320000	330297	10297
18	1701	无形资产	借	1200000	1200000	0
19	1811	长期待摊费用	借	300000	299700	-300
20	1901	待处理财产损益	借	0	51544.3	51544.3
21	2001	短期借款	贷	700120	700400	280
22	2201	应付票据	贷	50000	506683.33	456683.33
23	2202	应付账款	贷	150000	5042576	4892576
24	2203	预收账款	贷	35000	232000	197000
25	2211	应付职工薪酬	贷	0	6323.75	6323.75
26	2221	应交税费	贷	0	733047.7855	733047.7855
27	2241	其他应付款	贷	0	185000	185000
28	2501	长期借款	贷	350000	350000	0
29	2701	长期应付款	贷	500000	600000	100000
30	4001	实收资本	贷	3083540	3083540	0
31	4002	资本公积	贷	700000	753160	53160
32	4101	盈余公积	贷	100000	100000	0
33	4103	本年利润	贷	0	2546158.17	2546158.17
34	4104	利润分配	贷	359250	359250	0
35	5001	生产成本	借	20340	26337.8	5997.8
36	5101	制造费用	借	0	70385.82	70385.82
37	6001	主营销售收入	贷	0	0	6888948.72
38	6051	其他业务收入	贷	0	0	100100
39	6111	投资收益	贷	0	0	0
40	6301	营业外收入	贷	0	0	24000
41	6401	主营业务成本	借	0	0	3898345.37
42	6402	其他业务成本	借	0	0	10000
43	6403	税金及附加	借	0	0	40000
44	6601	销售费用	借	0	0	30000
45	6602	管理费用	借	0	0	266437.99
46	6603	财务费用	借	0	0	208107.19
47	6711	营业外支出	借	0	0	14000
48	6801	所得税费用	借	0	0	381923.7255

图 3－2　科目余额表

3.2　资产负债表

资产负债表是反映企业在某一特定日期财务状况的报表。它是根据“资产＝负债＋所有者权益”的会计等式，依据一定的分类标准和次序，把企业在一定日期的资产、负债和所有者权益项目予以适当排列，按照一定的编制要求编制而成的。

资产负债表具有以下几个方面的作用：

（1）反映企业所拥有的经济资源，以及这些资源的结构与分布。

（2）反映企业流动负债的大小，负债经营的程度。

（3）反映企业的偿债能力、支付能力和财务实力。

（4）反映投资者对企业资产所持有的权益。

资产负债表由表头、表体和脚注三部分构成。表头部分列示报表的名称、编制单位、编制日期和货币计量单位等内容；表体部分用来列示资产负债表的具体内容；脚注部分主要揭示一些重要的但在资产负债表中不便于或不能反映的资料。

3.2.1 资产负债表的编制方法

资产负债表是根据资产账户和负债、所有者权益账户的期末余额和其他有关资料编制而成的，有的项目直接根据有关账户的余额填列，有的项目根据有关账户的余额分析计算填列，有的项目根据项目之间的关系计算填列。

资产负债表有年初数和期末数。

1. 年初数

“年初数”栏内各项数字应根据上年末资产负债表的“期末数”栏内所列数字填列。如果本年度资产负债表的各项目的名称和内容与上年不一致，应对上年年末资产负债表各项目的名称和数字按照本年度的规定进行调整。

2. 期末数

“期末数”资料来源：

（1）根据总账科目余额填列。

①直接根据总账科目的余额填列，如“交易性金融资产”“短期借款”“应付票据”“应付职工薪酬”等项目。

②根据几个总账科目的余额计算填列，如“货币资金”项目。

（2）根据有关明细科目的余额计算填列，如“应付账款”项目、“应收账款”项目。

（3）根据总账科目和明细科目的余额分析计算填列，如“长期借款”项目。

（4）根据总账科目与其备抵科目抵消后的净额填列，如资产负债表中的“应收账款”“长期股权投资”“在建工程”“固定资产”“无形资产”等项目。

（5）综合运用上述填列方法分析填列，如资产负债表中的“存货”项目。

3. 资产负债表各项目的填列方法

（1）资产项目的具体填列说明。

①“货币资金”项目，反映企业库存现金、银行结算户存款、外埠存款、银行汇票存款、银行本票存款、信用卡存款、信用证保证金存款等的合计数。本项目应根据

“库存现金”“银行存款”“其他货币资金”科目期末余额的合计数填列。

②“交易性金融资产”项目，反映企业持有的以公允价值计量且其变动计入当期损益的为交易目的所持有的债券投资、股票投资、基金投资、权证投资等金融资产。本项目应当根据“交易性金融资产”科目的期末余额填列。

③“应收票据”项目，反映企业因销售商品、提供劳务等而收到的商业汇票，包括银行承兑汇票和商业承兑汇票。本项目应根据“应收票据”科目的期末余额，减去“坏账准备”科目中有关应收票据计提的坏账准备期末余额后的金额填列。

④“应收账款”项目，反映企业因销售商品、提供劳务等经营活动应收取的款项。本项目应根据“应收账款”和“预收账款”科目所属各明细科目的期末借方余额合计减去“坏账准备”科目中有关应收账款计提的坏账准备期末余额后的金额填列。如“应收账款”科目所属明细科目期末有贷方余额的，应在本表“预收款项”项目内填列。

⑤“预付款项”项目，反映企业按照购货合同规定预付给供应单位的款项等。本项目应根据“预付账款”和“应付账款”科目所属各明细科目的期末借方余额合计数，减去“坏账准备”科目中有关预付款项计提的坏账准备期末余额后的金额填列。如“预付账款”科目所属各明细科目期末有贷方余额的，应在资产负债表“应付账款”项目内填列。

⑥“应收利息”项目，反映企业应收取的债券投资等的利息。本项目应根据“应收利息”科目的期末余额，减去“坏账准备”科目中有关应收利息计提的坏账准备期末余额后的金额填列。

⑦“应收股利”项目，反映企业应收取的现金股利和应收取其他单位分配的利润。本项目应根据“应收股利”科目的期末余额，减去“坏账准备”科目中有关应收股利计提的坏账准备期末余额后的金额填列。

⑧“其他应收款”项目，反映企业除应收票据、应收账款、预付账款、应收股利、应收利息等经营活动以外的其他各种应收、暂付的款项。本项目应根据“其他应收款”科目的期末余额，减去“坏账准备”科目中有关其他应收款计提的坏账准备期末余额后的金额填列。

⑨“存货”项目，反映企业期末在库、在途和在加工中的各种存货的可变现净值。本项目应根据“材料采购”“原材料”“库存商品”“周转材料”“委托加工物资”“委托代销商品”“生产成本”等科目的期末余额合计，减去“受托代销商品款”“存货跌价准备”科目期末余额后的金额填列。材料采用计划成本核算和库存商品采用计划成本核算或售价核算的企业，还应按加或减材料成本差异、商品进销差价后的金额填列。

⑩“一年内到期的非流动资产”项目，反映企业将于一年内到期的非流动资产项目金额。本项目应根据有关科目的期末余额填列。

⑪“其他流动资产”项目，反映企业除以上流动资产项目外的其他流动资产，本

项目应根据有关账户的期末余额填列。

下面的资产项目为非流动资产项目。

⑫“长期应收款”项目，反映企业的长期应收款项，包括融资租赁产生的应收款项、采用递延方式具有融资性质的销售商品和提供劳务等产生的应收款项等。实质上构成对被投资单位净投资的长期权益，也在本项目进行反映。本项目根据“长期应收款”账户的期末余额，减去“坏账准备”账户中有关长期应收款计提的坏账准备期末余额后的金额填列。

⑬“长期股权投资”项目，反映企业持有的对子公司、联营企业和合营企业的长期股权投资。本项目应根据“长期股权投资”科目的期末余额减去“长期股权投资减值准备”科目的期末余额后的金额填列。

⑭“投资性房地产”项目，反映企业采用成本模式计量的投资性房地产成本。如企业采用公允价值模式计量投资性房地产，则反映投资性房地产的公允价值。对采用成本模式计量的投资性房地产，本项目应根据“投资性房地产”账户账面价值减去“投资性房地产减值准备”账户余额后的金额填列。对采用公允价值模式计量的投资性房地产，本项目应根据投资性房地产账户期末余额填列。

⑮“固定资产”项目，反映企业持有的各种固定资产的净值。该项目根据“固定资产”账户期末余额减去“累计折旧”“固定资产减值准备”期末余额后的金额填列。融资租入的固定资产，也在本项目反映。

⑯“在建工程”项目，反映企业期末各项未完工程的实际支出，包括交付安装的设备价值，未完建筑安装工程已经耗用的材料、工资和费用支出，预付出包工程的价款，已经建筑安装完毕但尚未交付使用的工程等的可收回金额。本项目应根据“在建工程”账户的期末余额，减去“在建工程减值准备”账户期末余额后的金额填列。

⑰“工程物资”项目，反映企业各项工程尚未使用的工程物资的实际成本。本项目根据“工程物资”账户的期末余额填列。

⑱“固定资产清理”项目，反映企业因出售、毁损、报废等原因转入清理但尚未清理完毕的固定资产的账面价值，以及固定资产清理过程中所发生的清理费用和变价收入等各项金额的差额。本项目应根据“固定资产清理”账户的期末借方余额填列，如固定资产清理账户期末为贷方余额，以“－”填列。

⑲“无形资产”项目，反映企业所持有的各项无形资产，包括专利权、非专利技术、商标权、著作权、土地使用权等的期末可收回金额。本项目应根据“无形资产”账户的期末余额减去“累计摊销”和“无形资产减值准备”账户期末余额后的金额填列。

⑳“开发支出”项目，反映企业正在进行无形资产研究开发项目满足资本化条件的支出。该项目按“研发支出”账户期末余额填列。

㉑“商誉”项目，反映企业合并中形成的商誉价值。该项目按“商誉”账户期末余额减去商誉减值准备账户期末余额后的金额填列。

㉒“长期待摊费用”项目，反映企业已经发生但应由本期和以后各期负担的分摊期限在 1 年以上（不含 1 年）的各项费用，如以经营租赁方式租入的固定资产发生的改良支出等。本项目应根据“长期待摊费用”账户的期末余额减去 1 年内（含 1 年）摊销的数额后的金额填列。

㉓“递延所得税资产”项目，反映企业确认的可抵扣暂时性差异产生的递延所得税资产。本项目应根据“递延所得税资产”账户的期末借方余额填列。

㉔“其他非流动资产”项目，反映企业除以上资产以外的其他长期资产。本项目应根据有关账户的期末余额填列。如其他长期资产价值较大的，应在财务报表附注中披露其内容和金额。

（2）负债类项目的填列说明。

①“短期借款”项目，反映企业向银行或其他金融机构等借入的期限在 1 年以下（含 1 年）的各种借款。本项目应根据“短期借款”账户的期末余额填列。

②“交易性金融负债”项目，反映企业承担的交易性金融负债的公允价值。企业持有的直接指定为以公允价值计量且其变动计入当期损益的金融负债，也在本项目反映。本项目应根据“交易性金融负债”账户的期末余额填列。

③“应付票据”项目，反映企业购买材料、商品和接受劳务等开出、承兑的商业汇票，包括银行承兑汇票和商业承兑汇票。本项目应根据“应付票据”账户的期末余额填列。

④“应付账款”项目，反映企业因购买材料、商品和接受劳务供应等经营活动应支付的款项。本项目应根据“应付账款”和“预付账款”科目所属各明细科目的期末贷方余额合计数填列；如“应付账款”科目所属明细科目期末有借方余额的，应在资产负债表“预付款项”项目内填列。

⑤“预收款项”项目，反映企业按照合同规定预收的款项。本项目应根据“预收账款”账户所属各有关明细科目期末贷方余额合计填列；如“预收账款”账户所属有关明细账户有借方余额的，应在本表“应收账款”项目内填列；如“应收账款”账户所属明细账户有贷方余额的，也应包括在本项目内。

⑥“应付职工薪酬”项目，反映企业根据有关规定应付给职工的工资、职工福利、社会保险费、住房公积金、工会经费、职工教育经费、非货币性福利、辞退福利等各种薪酬。外商投资企业按规定从净利润中提取的职工奖励及福利基金，也在本项目列示。

⑦“应交税费”项目，反映企业按照税法规定计算应交纳的各种税费，包括增值税、消费税、营业税、所得税、资源税、土地增值税、城市维护建设税、房产税、土地使用税、车船使用税、教育费附加、矿产资源补偿费等。企业代扣代交的个人所得税，也通过本项目列示。企业所交纳的税金不需要预计应交数的，如印花税、耕地占用税等，不在本项目列示。本项目应根据“应交税费”科目的期末贷方余额填列；如“应交税费”科目期末为借方余额，应以“－”号填列。

⑧“应付利息”项目，反映企业按照规定应当支付的利息，包括分期付息到期还本的长期借款应支付的利息、企业发行的企业债券应支付的利息等。本项目应当根据“应付利息”科目的期末余额填列。

⑨“应付股利”项目，反映企业分配的现金股利或利润。企业分配的股票股利，不通过本项目列示。本项目应根据“应付股利”科目的期末余额填列。

⑩“其他应付款”项目，反映企业除应付票据、应付账款、预收款项、应付职工薪酬、应付股利、应付利息、应交税费等经营活动以外的其他各项应付、暂收的款项。本项目应根据“其他应付款”科目的期末余额填列。

⑪“一年内到期的非流动负债”项目，反映企业非流动负债中将于资产负债表日后1年内到期部分的金额，如将于1年内偿还的长期借款。本项目应根据有关科目的期末余额填列。

⑫“长期借款”项目，反映企业向银行或其他金融机构借入的期限在1年以上（不含1年）的各项借款。本项目应根据“长期借款”科目的期末余额填列。

⑬“应付债券”项目，反映企业为筹集长期资金而发行的债券本金和利息。本项目应根据“应付债券”科目的期末余额填列。

⑭“长期应付款”项目，反映企业除长期借款和应付债券以外的其他各种长期应付款项，包括应付融资租入的固定资产的租赁费、以分期付款方式购入固定资产等发生的应付款项等。本项目应根据“长期应付款”账户的期末余额填列。

⑮“预计负债”项目，反映企业确认的对外提供担保、未决诉讼、产品质量保证、重组义务、亏损性合同等预计负债。本项目应根据“预计负债”账户的期末余额填列。

⑯“递延所得税负债”项目，反映企业确认的应纳税暂时性差异产生的所得税负债。本项目应根据“递延所得税负债”账户的期末余额填列。

⑰“其他非流动负债”项目，反映企业除长期借款、应付债券等项目以外的其他非流动负债。本项目应根据有关科目的期末余额填列。

（3）所有者权益项目的填列说明。

①“实收资本（或股本）”项目，反映企业各投资者实际投入的资本（或股本）总额。本项目应根据“实收资本”（或“股本”）科目的期末余额填列。

②“资本公积”项目，反映企业资本公积的期末余额。本项目应根据“资本公积”科目的期末余额填列。

③“盈余公积”项目，反映企业盈余公积的期末余额。本项目应根据“盈余公积”科目的期末余额填列。

④“未分配利润”项目，反映企业尚未分配的利润。本项目应根据“本年利润”科目和“利润分配”科目的余额计算填列。未弥补的亏损在本项目内以“-”号填列。

3.2.2 Excel资产负债表的制作

1. 表头制作

（1）打开含有“科目余额表”的工作簿，在一个新工作表中，选择A1：F1单元区域，单击开始主菜单的“合并及居中”按钮，对表头进行合并及居中，然后输入表头“资产负债表”。

（2）输入编制单位：××公司，编制日期：20××年12月31日和单位：元。输入资产负债表其他文字项目。

2. 获取数据

利用公式从科目余额表取数，生成年初数和年末数数据。资产负债表的年初数，可由科目余额表及相关表中的数据链接而来。具体步骤如下：

（1）输入货币资金项目的公式。单击B5单元格，输入“=”，当等号后的光标闪烁时，用鼠标点击“科目余额表”，再用鼠标选择科目余额表页的D2单元格，然后用键盘输入“+”，再用同样的方式选择科目余额表中的D3单元格，然后再用键盘输入“+”，再用同样的方式选择科目余额表中的D4单元格，最后按回车键。在资产负债表的B5单元格中显示公式为：“=科目余额表!D2+科目余额表!D3+科目余额表!D4”，意思是B5单元格，即货币资金项目的年初数，是将科目余额表的库存现金、银行存和其他货币资金的年初数进行合计后取到资产负债表页下的。将年初数拖动复制到年末数。

（2）输入交易性金融资产的公式。单击B6单元格，输入“=”，当等号后的光标闪烁时，用鼠标点击“科目余额表”，选择D5单元格，回车（或者在资产负债表页，选择B6单元格，直接输入公式“=科目余额表!D5”，回车）；同理输入应收票据、预付账款、应收利息、应收股利、其他应收款等项目的年初数和年末数公式。

（3）应收账款项目年初数公式：“=科目余额表!D7-科目余额表!D10”，拖动复制到年末数。

（4）输入存货项目的公式。此处存货项目的公式为：“=科目余额表!D11+科目余额表!D12+科目余额表!D13+科目余额表!D14+科目余额表!D35+科目余额表!D36”拖动复制到C单元格，生成存货年末数。

（5）流动资产合计公式：年初数B16=SUM(B5:B15)；

年末数C16=SUM(C5:C15)。

（6）未分配利润公式：年初数E32=科目余额表!D34；

年末数F32=科目余额表!D34+科目余额表!E33-科目余额表!F48。

其他单元格公式略。生成的资产负债表如图3-3所示。

	A	B	C	D	E	F
1	资产负债表					
2	编制单位：××公司		20**年12月31日		单位：元	
3	项目	年初数	年末数	项目	年初数	年末数
4	流动资产：			流动负债：		
5	货币资金	1276620	2618375	短期借款	700120	700400
6	交易性金融资产	500000	500000	交易性金融负债	0	0
7	应收票据	600000	1200300	应付票据	50000	506683.33
8	应收账款	248750	3522306.92	应付账款	150000	5042576
9	预付款项	100200	398368	预收款项	35000	232000
10	应收利息	0	0	应付职工薪酬	0	6323.75
11	应收股利	0	0	应交税费	0	733047.786
12	其他应收款	60000	66300	应付利息	0	0
13	存货	900340	3886315.45	应付股利	0	0
14	一年内到期的非流动资产	0	0	其他应付款	0	185000
15	其他流动资产	0	51544.3	一年内到期的非流动负债	0	0
16	流动资产合计	3685910	12243509.7	其他流动负债	0	0
17	非流动资产：			流动负债合计	935120	7406030.87
18	可供出售金融资产	0	0	非流动负债：		
19	持有至到期投资	0	0	长期借款	350000	350000
20	长期应收款	0	0	应付债券	0	0
21	长期股权投资	0	0	长期应付款	500000	600000
22	投资性房地产	0	0	专项应付款	0	0
23	固定资产	522000	742708.64	预计负债	0	0
24	在建工程	320000	330297	递延所得税负债	0	0
25	工程物资	0		其他非流动负债	0	0
26	固定资产清理	0		非流动负债合计	850000	950000
27	生产性生物资产	0		负债合计	1785120	8356030.87
28	油气资产	0		所有者权益：		
29	无形资产	1200000	1200000	实收资本	3083540	3083540
30	商誉	0	0	资本公积	700000	753160
31	长期待摊费用	300000	299700	盈余公积	100000	100000
32	其他非流动资产	0	0	未分配利润	359250	2523484.44
33	非流动资产合计	2342000	2572705.64	所有者权益合计	4242790	6460184.44
34	资产合计	6027910	14816215.3	负债和所有者权益	6027910	14816215.3

图 3－3　资产负债表

资产负债表公式编辑完毕，进行资产负债表的试算平衡，如图 3－4 所示。

	A	B
35		
36	试算：	期初试算平衡
37		期末试算平衡

图 3－4　试算平衡

公式为：

B36 = IF(B34 = E34 ,"期初试算平衡" ,"期初试算不平衡")

B37 = IF(C34 = F34 ,"期初试算平衡" ,"期初试算不平衡")

3.3　Excel 利润表

利润表是反映企业在一定期间经营成果的报表。利润表作为一种动态财务报表，结合资产负债表和现金流量表的情况，揭示了企业经营活动期间内资产、负债和所有者权益的有利或不利影响，向投资人、债权人、政府部门以及其他会计信息的使用者全面展示了企业的经营业绩；同时，为评价企业获利能力、投资价值和偿债能力，预计其在现有资源基础上产生现金流量能力、退出新增资产可能获取的效益提供了相关的信息。

利润表作为一个反映经营成果的报表，必须包括影响某一会计期间的所有损益的内容，既要包括来自生产经营方面已实现的各项收入、已耗费的需要在本期配比的各项成本、费用，也要包括来自其他方面的业务收支以及本期发生的各项营业外收支。

利润表的结构是由其反映的基本内容决定的。利润表所反映的基本内容，表明它是一个动态报表，由收入、费用和利润三个动态要素组成，并按“收入 - 费用 = 利润”的平衡关系联系起来，从而形成该表的基本结构。

为便于分析利用会计信息，利润表还必须反映广义的收入和费用的构成情况，即收入和费用要素均按其构成内容分项目列示。收入要素包括营业收入、投资净收益、营业外收入等项目；费用要素包括营业成本、营业税金、销售费用、管理费用、财务费用、营业外支出等项目。

利润表的格式有单步式和多步式。单步式利润表集中列示广义的收入和费用的构成项目，并根据收入总额减去费用总额直接计算列示利润总额。

多步式利润表是按照企业利润的构成内容，分层次、分步骤地逐步逐项计算编制而成的报表。从实际运行情况看，多步式利润表能够科学地揭示企业利润及构成内容的形成过程，从而便于对企业生产经营情况进行分析，有利于不同企业之间进行比较，有利于预测企业今后的盈利能力。因此，我国现行的会计准则采用了多步式利润表格式。

3.3.1　利润表的编制方法

利润表中的本期金额栏反映各项目的本月实际发生数。在编报中期财务会计报告时，填列上年同期累计实际发生数；在编报年度财务会计报告时，填列上年全年累计实际发生数，如果上年度利润表与本年度利润表的项目名称和内容不一致，应对上年度利润表项目的名称和数字按本年度的规定进行调整，填入本表“上期金额”栏。

（1）“营业收入”项目，反映企业确认的销售商品、提供劳务等主营业务的收入，以及除主营业务活动以外的其他经营活动实现的收入，本项目应根据“主营业务收入”账户和“其他业务收入”账户的发生额填列。

（2）“营业成本”项目，反映企业确认的销售商品、提供劳务等主营业务收入时应结转的成本，以及除主营业务活动以外的其他经营活动所发生的支出，本项目应根据“主营业务成本”账户和“其他业务成本”账户的发生额填列。

（3）“税金及附加”项目，反映企业经营活动发生的消费税、城市维护建设税、资源税和教育费附加等相关税费，以及与投资性房地产相关的房产税、土地使用税。本项目应根据“税金及附加”账户的发生额分析填列。

（4）“销售费用”项目，反映企业销售商品和材料、提供劳务的过程中发生的各种费用。本项目应根据“销售费用”账户的发生额分析填列。

（5）“管理费用”项目，反映企业为组织和管理企业生产经营所发生的管理费用，本项目应根据“管理费用”账户的发生额分析填列。

（6）“财务费用”项目，反映企业为筹集生产经营所需资金等而发生的筹资费用，本项目应根据“财务费用”账户的发生额分析填列。

（7）“资产减值损失”项目，反映企业计提各项资产减值准备所形成的损失。本项目应根据“资产减值损失”账户的发生额分析填列。

（8）“公允价值变动损益”项目，反映企业交易性金融资产、交易性金融负债以及采用公允价值模式计量的投资性房地产、衍生工具、套期保值业务等公允价值变动形成的应计入当期损益的利得或损失。本项目应根据“公允价值变动损益”账户的发生额分析填列。

（9）“投资收益”项目，反映企业确认的投资收益或投资损失。本项目应根据“投资收益”账户的发生额分析填列。如为投资损失，以“－”号填列。

（10）“营业利润”项目，反映企业实现的营业利润。如为营业亏损，以“－”号填列。

（11）“营业外收入”项目，反映企业发生的各项营业外收入，包括非流动资产处置利得，非货币性资产交换利得、债务重组利得、政府补助、盘亏利得、捐赠利得等。本项目应根据“营业外收入”账户的发生额分析填列。

（12）“营业外支出”项目，反映企业发生的各项营业外支出，包括非流动资产处置损失、非货币性资产交换损失、债务重组损失、公益性捐赠支出、非常损失、盘亏损失等。本项目应根据“营业外支出”账户的发生额分析填列。

（13）“利润总额”项目，反映企业实现的利润总额。如为亏损总额，以“－”号填列。

（14）“所得税费用”项目，反映企业按规定从利润总额中减去的所得税费用。本项目应根据“所得税费用”账户的发生额填列。

（15）“净利润”项目，反映企业实现的净利润。如为净亏损，以“－”号填列。

3.3.2 Excel 利润表的编制

与资产负债表相同，利润表的数据基础也是当期的科目余额表。所以，Excel 环境下的利润表的生成过程也是从科目余额表进行取数，然后进行数据整理的过程。

1. 表头的建立

（1）打开含有“科目余额表”的工作簿，在一个新工作表中，选择 A1:F1 单元区域，单击开始主菜单的“合并及居中”按钮，对表头进行合并及居中，然后输入表头“利润表”。

（2）输入编制单位：××公司，编制日期：20××年 12 月和单位：元。输入利润表其他文字项目。

2. 利用公式从科目余额表取数，生成当期金额数据

（1）营业收入。营业收入由本期的主营业务收入和其他业务收入合计得到。所以，B4 单元格公式为：=科目余额表!F37+科目余额表!F38。

（2）营业成本。营业成本由本期的主营业务成本和其他业务成本合计得到。所以，B5 单元格公式为=科目余额表!F41+科目余额表!F42。

（3）税金及附加 B6 单元格公式为：=科目余额表!F43。

（4）营业利润 B13 单元格公式为：=B4-B5-B6-B7-B8-B9-B10+B11+B12。

同理，录入其他单元格公式。编制完成的利润表如图 3-5 所示。

	A	B
1	利润表	
2	编制单位：××公司	20**年12月　　单位：元
3	项目	金额
4	一、营业收入	6989048.72
5	减：营业成本	3908345.37
6	税金及附加	40000.00
7	销售费用	30000.00
8	管理费用	266437.99
9	财务费用	208107.19
10	资产减值损失	0.00
11	加：公允价值变动收益	0.00
12	投资收益	0.00
13	二、营业利润	2536158.17
14	加：营业外收入	24000.00
15	减：营业外支出	14000.00
16	三、利润总额	2546158.17
17	减：所得税费用	381923.73
18	四、净利润	2164234.44
19	五、每股收益	
20	（一）基本每股收益	21.64
21	（二）稀释每股收益	21.64

图 3-5　利润表

本章实验与实训

【实验名称】 Excel 财务报表编制

【实验目的】 进一步熟悉 Excel 工作环境，了解 Excel 获取外部数据的方法。掌握财务报表的编制原理，熟练地应用 Excel 软件，根据科目余额表制作资产负债表和利润表，熟练掌握各个项目的来源和取数方法。

【实验资料】

1. 科目余额表，如图 3－2 所示。
2. 资产负债表格式，如图 3－3 所示。
3. 利润表格式，如图 3－5 所示。

【实验内容】

1. 分别设计资产负债表和利润表表样。
2. 根据科目余额表在 Excel 软件中制作资产负债表和利润表。
3. 审核资产负债表和利润表。

第4章 Excel财务分析

财务分析，是公司利益相关者采用科学的分析方法，利用财务报告及会计、统计、市场等相关经济信息资料，对公司财务运行的结构及其形成过程和原因进行分析，全面、客观地评价公司财务状况和经营成果，并为财务控制和财务决策提供基础的活动。财务分析是相关各方评价财务状况、衡量经营业绩的重要依据，是投资者合理实施投资决策的重要步骤，也是管理者挖掘潜力、改进工作、实现理财目标的重要手段。本章介绍在 Excel 环境下如何进行财务分析。

4.1 财务分析的程序与作用

4.1.1 财务分析的主要方法

1. 比率分析法

比率分析法是把某些彼此存在关联的项目加以对比，计算出比率，据以确定经济活动的变动程度，解释财务报表的一种基本分析方法。比率分析的过程是将对比的绝对数变成相对数，以说明财务报表所列示项目之间的相互关系，并做出某些解释和评价。

2. 趋势分析法

趋势分析法也叫比较分析法。主要是通过对财务报表中各类相关的数字进行分析比较，尤其是将一个时期的报表同另一个或几个时期的比较，以判断一个公司的财务状况和经营业绩的演变趋势以及在同行业中地位的变化情况。比较时，既要计算出报表中有关项目增减变动的绝对额，又要计算出其增减变动的百分比。

3. 结构分析法

结构分析法是指对财务报表主要项目的构成情况进行分析，一般是以财务报表中的某个总体指标为100%，再计算出各构成项目占该总体项目的百分比，并可进一步比较各个项目百分比的增减变动，从而判断企业财务活动的变化趋势。结构分析法能准确地分析企业财务活动的发展趋势，这种方法既可以用于同一企业不同时期财务状况的纵向比较，又可用于不同企业之间的横向比较。此外，这种方法还能消除不同时期或者不同企业之间业务规模差异的影响，可以更准确地分析企业的经营和管理水平。

4. 综合分析法

综合分析法是将各项财务数据和财务指标进行整体、系统、全面、综合的分析，以便对企业财务状况和经营成果进行全面的分析和评价，说明企业整体财务状况和经营绩效的好坏的方法。

4.1.2 Excel 财务分析

基于 Excel 的财务分析，是在 Excel 环境下实现对财务报表的分析。由于 Excel 具有强大的数据计算、公式编辑、数据钩稽等功能，可方便地实现财务分析工作。

Excel 财务分析程序：

（1）初始数据导入。首先将基本财务报表通过“引入外部数据”功能引入 Excel 环境中。当然，也可手工录入到 Excel 中。

（2）利用三维引用实现对报表的比率分析、趋势分析、图解分析等财务分析。

（3）分析完毕，结合数据得出结论。

4.2 比率分析

财务比率分析是指将财务报表中的有关项目进行对比，得出一系列的财务比率，以此来揭示企业财务状况的一种方法。财务比率分析有外部比较和内部比较两种。外部比较是企业之间的比较，它以同行业或同类企业的平均值为基础进行比较。内部比较是将企业近几年的财务比率进行比较分析，考察本企业的财务状况和变化趋势。

财务比率可以分为很多类别，常用的有偿债能力比率、负债比率、资产管理比率、盈利能力比率等。

4.2.1 短期偿债能力比率

短期偿债能力比率又称变现能力比率，反映企业及时足额地偿还流动负债的能力，它取决于可以在近期转变为现金的流动资产的多少。反映变现能力的财务比率主要有流动比率、速动比率和现金比率等。

1. 流动比率

流动比率是企业流动资产与流动负债之比。其计算公式为：

$$流动比率=\frac{流动资产}{流动负债}\times100\%$$

该比率表明每百元流动负债有多少流动资产作为其支付保障，是衡量企业流动资产可以变为现金用于偿还其流动负债的能力的指标。流动比率越大，说明短期债务的清偿能力越强。但是，流动比率过大，说明企业有较多的资金滞留在流动资产上，未加以更好地运用，资金周转可能减慢，从而影响其盈利能力。一般认为，2∶1 的流动比率较为合适。但是，不同的行业，由于其营业周期不同，评定流动比率的标准也不同。一般来说，营业周期越短，正常的流动比率也就越低；反之，营业周期越长，正常的流动比率也就越高。

2. 速动比率

速动比率也称为“酸碱度测试比率”，是企业的速动资产和流动负债之比，可衡量公司在某一时点随时可以变现的资产偿付到期债务的能力，是对流动比率的补充。速动资产是指流动资产中能迅速转变为现金的资产，主要包括现金、短期投资、应收账款和应收票据。其计算公式为：

$$速动比率=\frac{速动资产}{流动负债}\times100\%=\frac{流动资产-存货-待摊和预付费用}{流动负债}\times100\%$$

速动比率是比流动比率更为敏感地反映公司短期偿债能力的指标。因为即使流动比率较高，但流动资产中各项目的流动性都很低时，其偿还债务的能力仍然是不高的。因此，在不希望公司用变现存货的办法来还债，而又想了解比流动比率更敏感的公司的当前变现能力，可计算速动比率。

一般情况下，速动比率越高，说明企业偿还流动负债的能力越强。但速动比率过高，表明企业会因为现金及应收账款占用过多而增加机会成本。通常认为正常的速动比率为 1，速动比率低于 1 被认为是短期偿债能力偏低。

3. 现金比率

现金比率是指公司的现金与流动负债的比率，计算公式为：

$$现金比率=\frac{现金及现金等价物}{流动负债}$$

由于现金是流动性最强的资产，这一比率是衡量公司短期偿债能力的最保守的指标，反映公司的即刻变现能力，它表明公司在财务状况最坏情况下随时可以还债的能力。现金同时也是盈利能力最低的资产，过高的现金比率会降低公司的获利能力，因此保持过长时间的高现金比率对公司并不是很有利。这一比率通常与流动比率和速动比率结合起来进行分析。现金比率是衡量公司短期偿债能力的一个重要指标。它对流动比率做了改进，主要反映流动负债所能得到的现金保证程度，相对于流动比率来讲更加严密。

对于某些行业或公司来说，由于其存货和应收账款的周转期间相当长，并且经营活动又具有高度的投机性，现金比率则是应予以重视的重要指标。

4. 现金流量比率

$$现金流量比率=\frac{经营活动产生的现金流量净额}{流动负债}$$

公司为了偿还即将到期的流动负债，固然可以通过出售投资、长期资产等投资活动取得现金流入，或者筹措现金来偿债，但最安全可靠的办法仍然是利用公司经营活动产生的现金净流量。该比率越大，表明公司的短期偿债能力越强。

4.2.2 负债能力比率

负债能力比率是说明债务和资产、净资产间关系的比率。它反映企业偿付到期长期债务的能力。通过对负债能力比率的分析，可以看出企业的资本结构是否健全合理，从而评价企业的长期偿债能力。负债能力比率主要有资产负债率、产权比率、股东权益比率和利息保障倍数等。

1. 资产负债率

资产负债率是企业负债总额与资产总额之比，也称负债比率，它反映企业的资产总额中有多少是通过举债而得到的。资产负债率反映企业偿还债务的综合能力，该比率越高，企业偿还债务的能力越差；反之，偿还债务的能力越强。其计算公式为：

$$资产负债率=(负债总额/资产总额)\times 100\%$$

在对该指标进行分析时，不能简单地从指标数值的高低进行考察。不同的人对资产负债率取值的要求不同。一般来讲，公司产品的盈利率较高或者公司资金的周转速度较快，公司可承受的资产负债率也较高；银行利率提高迫使公司降低资产负债率，银行利率降低又会刺激公司提高资产负债率；通货膨胀率较高时期或者国民经济景气时期，公司也倾向于降低资产负债率；同业之间竞争激烈则公司倾向于降低资产负债率。反之则相反。因此，在不同的国家、不同的宏观经济环境下，资产负债率的合理水平或适度水平也是有较大差别的。

2. 产权比率

产权比率又称负债权益比率，是负债总额与股东权益总额之比。该比率反映了债权人所提供的资金与股东所提供资金的对比关系，从而揭示企业的财务风险以及股东权益对债务的保障程度。该比率越低，说明企业长期财务状况越好，债权人贷款的安全越有保障，企业风险越小。产权比率因行业或公司利润的高低不同而有很大的差别，因此没有绝对的标准。一般来说，产权比率等于 1 被认为是最理想的。

其计算公式为：

产权比率 =（负债总额/股东权益总额）×100%

3. 股东权益比率

股东权益比率是股东权益总额与资产总额之比。该比率反映企业资产中有多少属于所有者。其计算公式为：

股东权益比率 =（股东权益总额/资产总额）×100%

股东权益比率与资产负债率具有互为消长的关系，二者之和为 100%。股东权益比率越小，资产负债率就越大，股东权益为负债风险提供的缓冲就越小。

4. 利息保障倍数

利息保障倍数是税前利润加利息支出之和（即息税前利润）与利息支出的比值，反映了企业用经营所得支付债务利息的能力。该比率越高，说明企业用经营所得支付债务利息的能力越强，它会增强贷款人对公司支付能力的信任程度。从长远看，一个公司的利息保障倍数至少要大于 1，否则，就不能举债经营。其计算公式为：

利息保障倍数 = 息税前利润/利息支出 =（税前利润 + 利息支出）/利息支出

5. 债务偿还期

债务偿还期 = 负债总额/经营活动产生的现金流量净额

该指标用于衡量按档期经营活动所获得现金偿还全部债务所需要的时间，可以从动态的角度反映公司定的偿债能力。通常该指标越高，表明公司偿还现有债务所需要时间越长，公司的偿债能力越弱。

4.2.3 营运能力比率

营运能力比率又称资产管理比率，用来衡量企业营运资产的利用效率与效益。营运能力比率包括应收账款周转率、存货周转率、流动资产周转率、固定资产周转率和总资产周转率。通过对这些指标的分析，能够发现企业的资产是否在有效运转、资产结构是否合理、所有的资产是否能有效利用以及资产总量是否合理等问题。

1. 应收账款周转率

应收账款周转率是反映年度内应收账款转换为现金的平均次数的指标，用时间表示的应收账款周转速度是应收账款周转天数，也称为平均应收款回收期，它表明企业从取得应收账款的权利到收回款项所需要的时间。其计算公式为：

应收账款周转率 = 营业收入/平均应收账款余额

应收账款周转天数 = 360/应收账款周转率

其中，

平均应收款 =(期初应收款余额 + 期末应收款余额)/2

应收账款包括会计核算中“应收账款”和“应收票据”等全部赊销账款。

应收账款周转率反映了公司在一定时期内应收账款的周转次数，也反映了应收账款的利用效率。在一般情况下，应收账款周转率越高，表明公司应收账款的变现速度越快，收账效率越高，同时可节约公司的营运资金，降低公司应收账款的机会成本、管理成本及坏账成本等，进而提高公司的盈利水平。但是如果应收账款周转率过高，则可能是付款条件过于苛刻的严格信用政策所致，这可能会影响公司销量的扩大而制约公司的盈利水平。如果公司的应收账款周转率过低，说明公司的收账效率太低，信用政策太松而影响资金周转和资金利用。该指标同时也是公司流动资产流动性的反映。但该指标不适合季节性经营的企业。

2. 存货周转率

存货周转率是衡量和评价企业购入存货、投入生产、销售收回等各环节管理状况的综合性指标。它是销售成本被平均存货所除而得到的比率，又称存货的周转次数。用时间表示的存货周转率就是存货周转天数。其计算公式为：

存货周转率（周转次数）= 营业成本/平均存货余额

存货周转天数 = 360/存货周转率

其中，

平均存货 =(期初存货余额 + 期末存货余额)/2

存货周转率反映了存货的利用效率。一般情况下，存货的周转率越高，表明存货的流动性越强，转化为现金或应收账款的速度越快，存货的利用效率越高。存货周转率的快慢，不仅反映了流动资产变现能力的好坏、公司经营管理效率的高低，同时也说明了公司的资金利用效率和盈利能力。存货周转率越快，说明公司投入存货的资金从投入到被耗用或到完成销售的时间越短，资金的回收速度越快，在公司销售利润率相同的情况下，公司就能获取更高的利润；相反，如果存货周转率慢，则反映出公司存货可能过多或不适销对路，而过多的呆滞存货将会影响资金的及时回笼，在销售利润率不变的情况下，公司所得的利润就会减少。但是，过快的、不正常的存货周转率也可能说明了公司没有足够的存货可供耗用或销售，从而失去获利机会。

3. 流动资产周转率

流动资产周转率是销售收入与流动资产平均余额之比，它反映的是全部流动资产的利用效率。其计算公式为：

流动资产周转率 = 营业收入/平均流动资产

平均流动资产=(期初流动资产+期末流动资产)/2

流动资产周转率反映了流动资产的周转速度。流动资产周转率越高，表明周转速度越快，会相对节约流动资产，等于相对扩大资产投入，增强公司盈利能力；而延缓周转速度，需要补充流动资产参加周转，形成资金浪费，降低公司的盈利能力。

在对流动资产周转情况进行分析时，还应对流动资产各组成部分的周转情况进行具体分析，如应收账款的周转率、存货的周转率等。通常对流动资产周转率的分析可参照同行业水平或公司历史同期水平进行对比分析。

4. 固定资产周转率

固定资产周转率是企业销售收入与平均固定资产净值之比。该比率越高，说明固定资产的利用率越高，管理水平越好。其计算公式为：

固定资产周转率=营业收入/平均固定资产净值

其中，

平均固定资产净值=(期初固定资产净值+期末固定资产净值)/2

固定资产周转率是用来考察设备厂房利用情况的。当固定资产周转率处于较低水平时，反映固定资产利用不够，需要分析固定资产没有充分利用的原因。通常计划新的固定资产投资时，财务管理人员需要分析现有固定资产是否已被充分利用。如果公司的固定资产周转率远高于行业平均值，有可能是需要增加固定资产投资的信号。一般情况下，固定资产周转率越高，表明企业固定资产利用越充分。

5. 总资产周转率

总资产周转率是企业销售收入与平均资产总额之比，可以用来分析企业全部资产的使用效率。如果该比率较低，企业应采取措施提高销售收入或处置资产，以提高总资产利用率。其计算公式为：

总资产周转率（周转次数）=营业收入/平均资产总额

其中，

平均资产总额=(期初资产总额+期末资产总额)/2

总资产周转率反映了公司全部资产的利用效率。总资产周转率越高，表明总资产的周转速度越快，公司运用资产产生收入的能力越强，资产的管理效率越高，相应的公司的偿债能力以及盈利能力越强。在具体分析时，可以将当期的总资产周转率与上期指标或同行业平均水平进行对比，以评价资产管理水平的高低。总资产周转率速度的快慢与各类资产的周转速度以及全部资产的构成情况密切相关。

4.2.4 盈利能力分析

盈利能力是指企业在一定时期内赚取利润的能力。不论是投资人、债权人还是企业经理人员都重视和关心企业的盈利能力。反映企业盈利能力的主要指标有资产报酬率、股东权益报酬率、营业利润率等。

1. 总资产报酬率

总资产报酬率也称资产利润率或资产收益率，是企业在一定时期内的净利润与平均资产总额之比。

总资产报酬率 =（息税前利润/平均总资产）×100%

平均总资产 =（期初总资产 + 期末总资产）/2

总资产报酬率反映了公司基本的获利能力，表明站在股东和债权人共同的立场上分析，每投入 1 元能产生多少报酬。该比率越高，说明公司资产的运用效率越高，也意味着公司资产的盈利能力越强。

总资产报酬率一方面反映了所有者和债权人提供资本的获利能力，即投入产出能力；另一方面也反映了公司管理资产、利用资源的效率。这个指标的高低与公司的资产存量、资产结构、资产增量密切相关，综合体现了公司的经营管理水平。

2. 总资产净利率

总资产净利率是净利润与平均资产总额之比，其计算公式为：

总资产净利率 =（净利润/平均总资产）×100%

总资产净利率指标反映了每元资产能创造的净利润，表明公司资产利用的综合效果。企业的资产是由投资人投入和举债形成的，净利润的多少与公司资产的多少、资产的结构、经营管理水平都有着密切的关系。通过将该指标与本企业前期、计划、同行业平均水平的比较，可以分析企业经营中存在的问题。

3. 净资产收益率

净资产收益率也称股东权益报酬率，是在一定时期内企业的净利润与平均股东权益总额之比。其计算公式为：

净资产收益率 =（净利润/平均股东权益）×100%

净资产收益率反映了公司股东权益的投资报酬率的高低，是投资者最为关心的财务指标之一。该指标综合性极强，会受到公司的资本结构、销售水平、成本费用高低以及资产使用效率等因素的影响。该指标能够体现公司的理财目标，该指标越高，表明公司为股东创造财富的能力越强。

4. 营业利润率

营业利润率是指企业的营业利润与营业收入的比例关系。其计算公式为：

营业利润率 =（营业利润/营业收入）×100%

营业利润越强，表明企业市场竞争力越强，发展潜力越大，获利能力越强。

4.2.5　Excel 比率分析

下面我们对第 3 章 × ×公司进行财务报表的比率分析。

在第 2 章的财务报表工作簿中新增表页，命名为“比率分析”，其分析结果如图 4－1 所示。

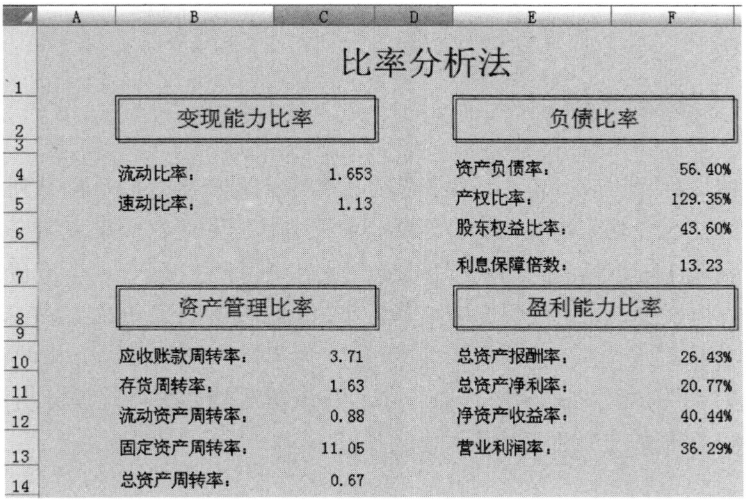

图 4－1　比率分析

分析步骤：

（1）首先，在资产负债表和利润表表页中进行名称定义。分别定义期初存货、期末存货、期初资产总额、期末资产总额等单元格名称。

（2）分别输入各单元格公式。

C4 = 期末流动资产/期末流动负债

C5 = (期末流动资产 − 期末存货)/期末流动负债

F4 = 期末负债/期末资产总额

F5 = 期末负债/期末所有者权益

F6 = 期末所有者权益/期末资产总额

F7 = (利润总额 + 财务费用)/财务费用

C10 = 营业收入/((期末应收账款 + 期初应收账款)/2)

C11 = 营业成本/((期末存货 + 期初存货)/2)

C12 = 营业收入/((期末流动资产 + 期初流动资产)/2)

C13 = 营业收入/((期初固定资产 + 期末固定资产)/2)

C14 = 营业收入/((期末资产总额 + 期初资产总额)/2)

F10 =(利润总额 + 财务费用)/((期初资产总额 + 期末资产总额)/2)

F11 = 净利润/((期初资产总额 + 期末资产总额)/2)

F12 = 净利润/((期末所有者权益 + 期初所有者权益)/2)

F13 = 营业利润/营业收入

4.3 趋势分析

4.3.1 趋势分析概念

趋势分析法又称为比较分析法，是指将连续数期的财务报表的金额并列起来，比较其相同项目的增减变动金额和幅度，据以判断企业财务状况和经营成果发展变化趋势的一种方法。财务报表的比较，具体包括资产负债表比较、利润表比较、现金流量表比较等。比较时，既要计算出报表中有关项目增减变动的绝对额，又要计算出其增减变动的百分比。

趋势分析法根据选择对比基期的不同又可分为定比分析和环比分析两种方法。定比分析是以某一时期为固定的基期，其他各期均与该基期基数进行比较分析；环比分析是每一期均以前一期基数进行对比分析。

4.3.2 Excel 财务报表趋势分析

1. 横向比较分析

横向比较分析是将财务报表中本年数值与基期数值进行比较，得出差异额和差异率等分析指标。

图 4－2 是对本期资产负债表进行的横向分析。各个单元格公式为：

D5 = C5 － B5，复制到 D 列其他单元格。

E5 = IF(AND(B5 < >0,D5 < >0),D5/B5,"")，复制到 E 列其他单元格。

2. 纵向分析

纵向分析又称结构分析，主要分析财务报表的各个项目占总计项目的百分比，是通过分析指标结构来反映该项指标特征和变化规律的一种分析方法。

构成比例 = 构成项目/总体指标

构成比例可以显示总体指标的内部架构，表现各构成项目相互间的联系和区别及其在总体指标中所占地位的重要程度，便于人们分清主次，突出分析工作的重点。图 4－3 为对××公司的资产负债表的纵向分析。

	A	B	C	D	E
1	资产负债表横向分析				
2	编制单位：× ×公司				
3	项目	年初数	年末数	差异额	差异率
4	流动资产：				
5	货币资金	1276620	2618375	1341755	105.10%
6	交易性金融资产	500000	500000	0	
7	应收票据	600000	1200300	600300	100.05%
8	应收账款	248750	3522306.92	3273556.92	1316.00%
9	预付款项	100200	398368	298168	297.57%
10	应收利息	0	0	0	
11	应收股利	0	0	0	
12	其他应收款	60000	66300	6300	10.50%
13	存货	900340	3886315.45	2985975.45	331.65%
14	一年内到期的非流动资产	0	0	0	
15	其他流动资产	0	51544.3	51544.3	
16	流动资产合计	3685910	12243509.67	8557599.67	2[illegible]17%
17	非流动资产：			0	
18	可供出售金融资产	0	0	0	
19	持有至到期投资	0	0	0	
20	长期应收款	0	0	0	
21	长期股权投资	0	0	0	
22	投资性房地产	0	0	0	
23	固定资产	522000	742708.64	220708.64	42.28%
24	在建工程	320000	330297	10297	3.22%
25	工程物资	0		0	
26	固定资产清理	0		0	
27	生产性生物资产	0		0	
28	油气资产	0		0	
29	无形资产	1200000	1200000	0	
30	商誉	0	0	0	
31	长期待摊费用	300000	299700	-300	
32	其他非流动资产	0	0	0	
33	非流动资产合计	2342000	2572705.64	230705.64	[illegible]
34	资产合计	6027910	14816215.31	8788305.31	145[illegible]

图 4－2　横向比较分析

	A	B	C	D	E	F
1	资产负债表纵向分析					
2	编制单位：× ×公司					
3	项目	年初数	年末数	期初构成比率	期末构成比率	差额
4	流动资产：					
5	货币资金	1276620	2618375	21.18%	17.67%	-3.51%
6	交易性金融资产	500000	500000	8.29%	3.37%	-4.92%
7	应收票据	600000	1200300	9.95%	8.10%	-1.85%
8	应收账款	248750	3522306.92	4.13%	23.77%	19.65%
9	预付款项	100200	398368	1.66%	2.69%	1.03%
10	应收利息	0	0	0.00%	0.00%	
11	应收股利	0	0	0.00%	0.00%	
12	其他应收款	60000	66300	1.00%	0.45%	-0.55%
13	存货	900340	3886315.45	14.94%	26.23%	11.29%
14	一年内到期的非流动资产	0	0	0.00%	0.00%	
15	其他流动资产	0	51544.3	0.00%	0.35%	0.35%
16	流动资产合计	3685910	12243509.67	61.15%	82.64%	21.49%
17	非流动资产：			0.00%	0.00%	
18	可供出售金融资产	-	-	0.00%	0.00%	
19	持有至到期投资	-	-	0.00%	0.00%	
20	长期应收款	-	-	0.00%	0.00%	
21	长期股权投资	-	-	0.00%	0.00%	
22	投资性房地产	-	-	0.00%	0.00%	
23	固定资产	522,000	742,709	8.66%	5.01%	-3.65%
24	在建工程	320,000	330,297	5.31%	2.23%	-3.08%
25	工程物资	-		0.00%	0.00%	
26	固定资产清理	-		0.00%	0.00%	
27	生产性生物资产	-		0.00%	0.00%	
28	油气资产	-		0.00%	0.00%	
29	无形资产	1,200,000	1,200,000	19.91%	8.10%	-11.81%
30	商誉	-	-	0.00%	0.00%	
31	长期待摊费用	300000	299700	4.98%	2.02%	-2.95%
32	其他非流动资产	-	-	-	-	
33	非流动资产合计	2342000	2572705.64	38.85%	17.36%	-21.49%
34	资产合计	6027910	14816215.31	100.00%	100.00%	

图 4－3　纵向比较分析

资产负债表横向分析

编制单位：X X公司

项目	年初数	年末数	差异额	差异率
流动资产：				
货币资金	1276620	2618375	1341755	105.10%
交易性金融资产	500000	500000	0	
应收票据	600000	1200300	600300	100.05%
应收账款	248750	3522306.92	3273556.92	1316.00%
预付款项	100200	398368	298168	297.57%
应收利息	0	0	0	
应收股利	0	0	0	
其他应收款	60000	66300	6300	10.50%
存货	900340	3886315.45	2985975.45	331.65%
一年内到期的非流动资产	0	0	0	
其他流动资产	0	51544.3	51544.3	
流动资产合计	3685910	12243509.67	8557599.67	232.17%
非流动资产：			0	
可供出售金融资产	0	0	0	
持有至到期投资	0	0	0	
长期应收款	0	0	0	
长期股权投资	0	0	0	
投资性房地产	0	0	0	
固定资产	522000	742708.64	220708.64	42.28%
在建工程	320000	330297	10297	3.22%
工程物资	0		0	
固定资产清理	0		0	
生产性生物资产	0		0	
油气资产	0		0	
无形资产	1200000	1200000	0	
商誉	0	0	0	
长期待摊费用	300000	299700	-300	-0.10%
其他非流动资产	0	0	0	
非流动资产合计	2342000	2572705.64	230705.64	9.85%
资产合计	6027910	14816215.31	8788305.31	145.79%

图 4－2　横向比较分析

资产负债表纵向分析

编制单位：X X公司

项目	年初数	年末数	期初构成比率	期末构成比率	差额
流动资产：					
货币资金	1276620	2618375	21.18%	17.67%	-3.51%
交易性金融资产	500000	500000	8.29%	3.37%	-4.92%
应收票据	600000	1200300	9.95%	8.10%	-1.85%
应收账款	248750	3522306.92	4.13%	23.77%	19.65%
预付款项	100200	398368	1.66%	2.69%	1.03%
应收利息	0	0	0.00%	0.00%	
应收股利	0	0	0.00%	0.00%	
其他应收款	60000	66300	1.00%	0.45%	-0.55%
存货	900340	3886315.45	14.94%	26.23%	11.29%
一年内到期的非流动资产	0	0	0.00%	0.00%	
其他流动资产	0	51544.3	0.00%	0.35%	0.35%
流动资产合计	3685910	12243509.67	61.15%	82.64%	21.49%
非流动资产：			0.00%	0.00%	
可供出售金融资产	-	-	0.00%	0.00%	
持有至到期投资	-	-	0.00%	0.00%	
长期应收款	-	-	0.00%	0.00%	
长期股权投资	-	-	0.00%	0.00%	
投资性房地产	-	-	0.00%	0.00%	
固定资产	522,000	742,709	8.66%	5.01%	-3.65%
在建工程	320,000	330,297	5.31%	2.23%	-3.08%
工程物资	-		0.00%	0.00%	
固定资产清理	-		0.00%	0.00%	
生产性生物资产	-		0.00%	0.00%	
油气资产	-		0.00%	0.00%	
无形资产	1,200,000	1,200,000	19.91%	8.10%	-11.81%
商誉	-	-	0.00%	0.00%	
长期待摊费用	300000	299700	4.98%	2.02%	-2.95%
其他非流动资产	-	-	-	-	
非流动资产合计	2342000	2572705.64	38.85%	17.36%	-21.49%
资产合计	6027910	14816215.31	100.00%	100.00%	

图 4－3　纵向比较分析

其中，期初构成比率 D5 = B5/$B$34，复制到 D 列其他单元格。

期末构成比率 E5 = C5/$C$34，复制到 E 列其他单元格。

差额：F5 = IF(D5 = E5,"",E5 - D5)，复制到 F 列其他单元格。

3. Excel 趋势图分析

在 Excel 中，根据基础数据可轻松制图，反映数据趋势。通常，习惯用折现图显示发展趋势。输入 × ×公司近 5 年的营业收入，并对该公司的营业收入趋势图进行分析。图 4 -4 为该公司营业收入的趋势图。

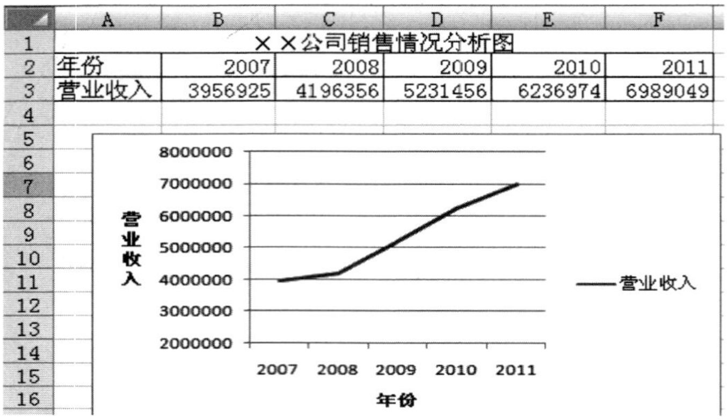

图 4 -4　趋势图分析

4.4　综合分析

在做财务分析时，单独分析任何一类财务指标，难以全面地评价企业的财务状况和经营效果，只有对各种财务指标进行系统的、综合的分析，才能对企业的财务状况做出全面合理的评价。综合分析方法主要有财务比率综合评分法和杜邦分析法。

4.4.1　财务比率综合评分

财务比率分析反映了企业财务报表各项目之间的相互关系，从不同角度来揭示企业的财务状况。通过财务比率综合分析表对企业的财务状况进行评分，可以对其财务状况进行全面客观的评价。

1. 财务比率综合分析的步骤

采用财务比率综合评分法进行财务状况的综合分析评价，一般遵循以下程序：

(1) 选定评价企业财务状况的财务比率。进行经营业绩评价的首要任务是正确选择评价指标。要根据分析目的和要求，选择具有代表性的，能反映企业偿债能力、营运能力和获利能力的三大类财务比率。

（2）根据各项财务比率的重要程度，确定其标准评分值，即重要性系数，评分值之和应为 100 分。业绩评价指标标准值可根据分析的目的和要求确定，可用某企业某年的实际数，也可用同类企业、同行业或部门平均数，还可用国际标准数。一般经营业绩水平变动时，可以企业前期水平为标准值；当评价企业在同行业或在全国或国际上处于低位时，可用行业标准值、国家标准值或国际标准值。

（3）确定各项财务比率评分值的上限和下限，避免个别财务比率的异常给总分造成不合理的影响。

（4）确定各项财务比率的标准值，标准值通常可以参照同行业的水平，经调整后确定。

（5）计算企业在一定时期各项财务比率的实际值。

（6）计算出各项财务比率实际值与标准值的比率。

（7）计算出各项财务比率的实际得分。

2. Excel 财务综合比率分析

运用 Excel 建立财务比率综合分析，具体步骤如下：

（1）在 Excel 表页中建立财务比率综合评分表，如图 4－5 所示。

	A	B	C	D	E	F	G	H	I
1	财务比率综合评分								
2	财务比率	评分值	上/下限		标准值	实际值	关系比率	得分	调整后得分
3	流动比率	10	20	5	2				
4	速冻比率	10	20	5	1.2				
5	资产/负债	12	20	5	2.1				
6	存货周转率	10	20	5	6.5				
7	应收账款周转率	8	20	4	12				
8	总资产周转率	10	20	5	2.2				
9	资产报酬率	15	30	7	30%				
10	股权报酬率	15	30	7	55%				
11	销售净利率	10	20	5	15%				
12	合计	100							

图 4－5 财务比率综合评分表

（2）财务比率实际值的确定。确定财务比率实际值，可以直接录入每个指标的实际值，也可以从财务报表中通过 Excel 的链接功能建立公式直接生成，后者可以得到动态的财务指标实际值。

（3）建立"关系比率"和"得分"栏公式。在 G4 单元格中录入公式"＝F3/E3"，在 H4 单元格中录入公式"＝G3＊B3"，选择 G4:H4 区域，鼠标指针指向区域右下角小方块处，变成"＋"后，按住鼠标左键向下拖动到 G11:H11 单元区域，公式即可复制到整个栏目。

(4) 建立“调整后得分”栏公式。

前面规定了各指标的上限和下限，即最高评分值和最低评分值，主要是为了避免个别财务比率的异常得分造成不合理的影响，所以在这一栏，就要对“得分”栏的值进行调整。对于得分超过上限的分数，将其调整成为上限值；对于低于下限的分值，将其调整成为下限值。

在单元格中录入公式“=IF(H3>C3,C3,IF(H3<D3,D3,H3))”，并将其复制到I4:I11单元格。

(5) 计算综合评分。

在I12单元格中录入求和公式“=SUM(I3:I11)”，即可得到最后评分（见图4-6）。

财务比率综合评分

财务比率	评分值	上/下限		标准值	实际值	关系比率	得分	调整后得分
流动比率	10	20	5	2	1.65	0.83	8.27	8.27
速冻比率	10	20	5	1.2	1.13	0.94	9.40	9.40
资产/负债	12	20	5	2.1	1.77	0.84	10.13	10.13
存货周转率	10	20	5	6.5	1.63	0.25	2.51	5.00
应收账款周转率	8	20	4	12	3.71	0.31	2.47	4.00
总资产周转率	10	20	5	2.2	0.67	0.30	3.05	5.00
资产报酬率	15	30	7	30%	26.43%	0.88	13.21	13.21
股权报酬率	15	30	7	55%	40.44%	0.74	11.03	11.03
销售净利率	10	20	5	15%	30.97%	2.06	20.64	20.00
合计	100					7.16	80.72	**86.04**

图4-6 财务比率综合评分结果

3. 使用财务比率综合评分法注意事项

在使用财务比率综合评分法评价企业时，选择的各项经济指标在评价标准上应尽量保持方向的一致性，即尽量都选择正指标，或都选择逆指标。如果全部为正指标，则评价标准为越高越好；如果全部为逆指标，则评价标准为越低越好；如果既有正指标又有逆指标，则应将逆指标和正指标转变为方向一致，否则可能得出错误结论。

一般来说，综合评分达到100说明企业经营业绩总体水平达到标准要求，或者说企业取得了较好的经济效益，该指标越高，经济效益水平越高。综合评分低于100，说明企业经济效益水平没有达到标准要求，该指标越低，经营业绩水平越差。但是，这种推论不是绝对的，有的企业虽然综合评分高于100，也可能是某些完成状况好的指标弥补了完成状况差的指标的缺陷，所以说，即使综合评分大于或者等于100，也还需要对企业各项经济指标进行逐项考核，看其是否都达到了标准值的要求。

4.4.2 杜邦分析

1. 杜邦分析概述

杜邦分析体系是由美国杜邦公司提出并成功运用的，所以称之为杜邦分析法。杜邦分析法抓住了企业各主要财务指标之间的紧密联系来综合分析企业的财务状况和经营成果。利用这种方法可以把各种财务指标间的关系绘制成简洁、明了、勾稽关系紧密的杜邦分析图。杜邦分析法以净资产收益率为核心指标，主要反映以下几个财务比率之间的关系：

$$净资产收益率=\frac{净利润}{所有者权益}=\frac{净利润}{资产总额}\times\frac{资产总额}{所有者权益}$$

$$=总资产净利率\times权益乘数$$

$$总资产净利率=\frac{净利润}{资产总额}=\frac{净利润}{营业收入}\times\frac{营业收入}{资产总额}$$

$$=销售净利率\times总资产周转率$$

$$销售净利率=净利润/销售收入$$

$$总资产周转率=营业收入/资产总额$$

2. Excel 杜邦分析

在 Excel 中实现杜邦分析，过程如下：

（1）插入新表页，表页名称为“杜邦分析”，在表页内绘制杜邦分析图，为了便于计算，图内各个项目的名称、数值需各占用一个单元格。各项目之间的连线，可用“插入”选项卡中“插图”组内的“形状”按钮，绘制各种连接线，如图4－7所示。

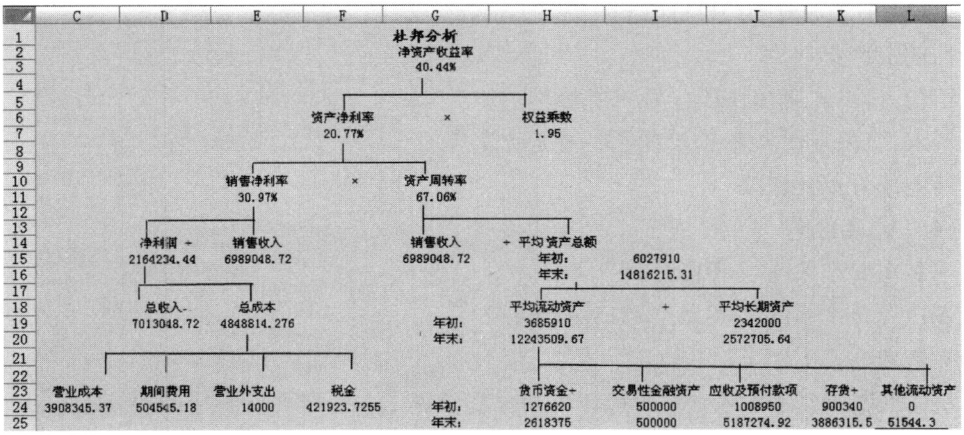

图4－7 杜邦分析

（2）自下而上建立链接公式。分别从利润表和资产负债表中建立链接公式，如营业成本 C24 单元格“＝利润表！B4”；期间费用 D24＝销售费用＋管理费用＋财务费用，或“＝利润表！B7＋利润表！B8＋利润表！B9”。

其他各单元格公式如下：

E24＝营业外支出

F24 = 所得税费用 + 营业税金及附加

H24 = 资产负债表！B5

H25 = 资产负债表！C5

I24 = 资产负债表！B6

I25 = 资产负债表！C6

J24 = 资产负债表！B7 + 资产负债表！B8 + 资产负债表！B9 + 资产负债表！B12

J25 = 资产负债表！C7 + 资产负债表！C8 + 资产负债表！C9 + 资产负债表！C12

K24 = 资产负债表！B13

K25 = 资产负债表！C13

L24 = 资产负债表！B16 – 资产负债表！B5 – 资产负债表！B6 – 资产负债表！B7 – 资产负债表！B8 – 资产负债表！B9 – 资产负债表！B12 – 资产负债表！B13

L25 = 资产负债表！C16 – 资产负债表！C5 – 资产负债表！C6 – 资产负债表！C7 – 资产负债表！C8 – 资产负债表！C9 – 资产负债表！C12 – 资产负债表！C13

（3）建立计算公式。

总成本 E19 = C24 + D24 + E24 + F24

总收入 D19 = 营业收入 + 营业外收入 + 利润表！B12

流动资产：

年初：H19 = SUM(H24:L24)

年末：H20 = SUM(H25:L25)

长期资产：

年初：J19 = 期初资产总额 – 期初流动资产

年末：J20 = 期末资产总额 – 期末流动资产

其他部分单元格略。

（4）计算比率

销售净利率 E11“ = D15/E15”

资产周转率 G11“ = G15/((I15 + I16)/2)”

资产净利率 F7“ = E11 * G11”

权益乘数 H7“ = (期初资产总额 + 期末资产总额)/(期初所有者权益 + 期末所有者权益)”

净资产收益率 G4“ = F7 * H7”

本章实验与实训

【实验名称】 Excel 财务分析

【实验目的】 利用 Excel 软件进行财务分析。

【实验内容】

1. 对第3章编制完成的财务报表进行比率分析、趋势分析和综合分析。

2. 上网查询某个上市公司财务报表，将该报表引入到Excel中，并对该报表进行财务分析。

第 5 章　Excel 投资决策

5.1　最优化决策

5.1.1　规划求解工具

企业财务管理的首要目标就是利润最大化。在企业财务管理中，要不断地做出达到最优的决策，例如，如何安排生产，进行利润最大化决策、生产成本最小化决策。对这些最大化、最小化的问题所做的决策，我们统称为最优化决策。这类最优化问题的求解过程，通常又会伴随着各种各样的限制条件。例如，产量不能大于销售量，现金持有量不能低于最低限，经济订货批量不能为负数，等等。对于这类问题，Excel 提供了“规划求解”工具，可以很方便地帮助我们进行求解。

规划求解是 Excel 2016 的一项附加的分析工具，首次使用时需要进行加载。在 Excel 2016 中，单击“文件”主菜单下的“选项”命令，在弹出的 Excel 选项窗口中单击左侧的“加载项”，最后单击“转到”按钮，系统弹出“加载宏”对话框，选择“规划求解加载项”选项。这时，回到主菜单，在“数据”主菜单下才显示“规划求解”工具。

规划求解工具可以解决三类优化问题：一是最大化问题；二是最小化问题；三是使模型定值问题。同时，用户可方便地在进行规划求解时修改规划求解的各项参数。下面以利润最大化问题为例说明该工具的使用过程。

5.1.2　利润最大化模型

假设企业的产品销售不受市场的限制，仅受企业自身条件的影响，即企业可以根据自身的条件随意安排产品生产，则可建立如下的利润最大化模型。

目标函数：

$$\max\pi = \sum_{i=1}^{n} Q_i(p_i - v_i) - F$$

约束条件：

$$\sum_{i=1}^{n} a_{i,j}Q_i \leq b_j \quad (j=1, 2, \cdots, m)$$

$$0 \leq Q_i \leq Q_{imax} \quad (i=1, 2, \cdots, n)$$

式中，π 为企业的利润；

F 为固定成本；

p_i，v_i，Q_i 分别为产品的单价、单位变动成本、销售量；

n 为产品种类；

$a_{i,j}$为每单位第 i 中产品消耗的第 j 种资源的数量；

b_j 为第 j 种资源的可用总量；

m 为资源种类；

Q_{imax}为第 i 种产品的最大生产能力。

本模型假设产品之间相互独立。如果产品之间存在相互依赖关系或者互斥关系等某些特殊关系，则增加这些约束条件即可。

5.1.3 最优生产决策模型

【例 5-1】 企业同时生产销售甲、乙两种产品。每生产一单位甲产品，需要机器运转 1 小时，需要耗费原料 1.6 千克，并可获得 50 元的毛利。每生产一单位乙产品，需要机器运转 2 小时，耗费原料 2 千克，并可获得 65 元的毛利。现企业的原料最大供应量是 800 千克，机器最大运转时间为 580 小时。企业应该如何安排生产，才能获得最大销售利润？

步骤如下：

（1）首先建立优化模型。

目标函数：$\max\pi = 50x + 65y$

约束条件：$1.6x + 2y \leq 800$

$1x + 2y \leq 580$

$x \geq 0$，$y \geq 0$，x，y 都为整数

（2）录入基础数据。单元格 E3 和 E4 为可变单元格，分别存放甲、乙产品的生产量。

（3）单元格 B10 为目标单元格，计算公式为“=D3*E3+D4*E4”。

（4）在单元格 B8 中输入产品实际消耗原料计算公式“=E3*B3+E4*B4”，在 B9 单元格录入产品实际消耗机器工时计算公式：“=E3*C3+E4*C4”。

（5）在 Excel 2016 中，单击“文件”下的“选项”命令，在弹出的 Excel 选项窗口中单击左侧的“加载项”，最后单击“转到”按钮，系统弹出“加载宏”对话框。选择“规划求解加载项”选项，如图 5-1 所示。

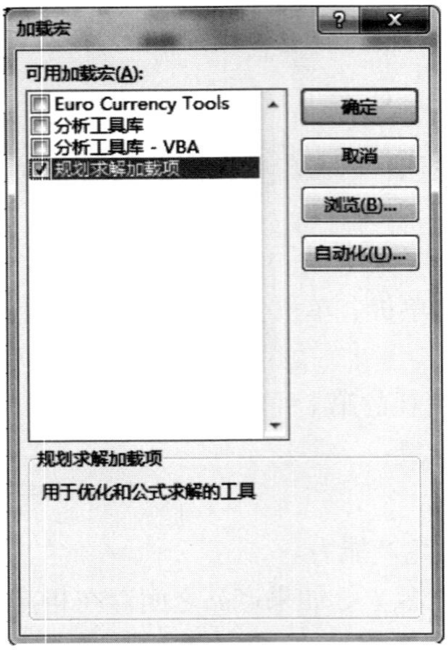

图 5－1　规划求解加载项

（6）单击“数据”主菜单，选择“分析”菜单的“规划求解”功能，在“规划求解参数”对话框中，“设置目标单元格”输入“$B$10”（或者用鼠标拾取 $B$10，下同）。“等于”选“最大值”，“可变单元格”输入“$E$3：$E$4”，在“约束”中添加以下约束条件：“$B$8≤$B$6，$B$9≤$B$7，$E$3：$E$4＝整数，$E$3：$E$4≥0”，如图 5－2 所示。

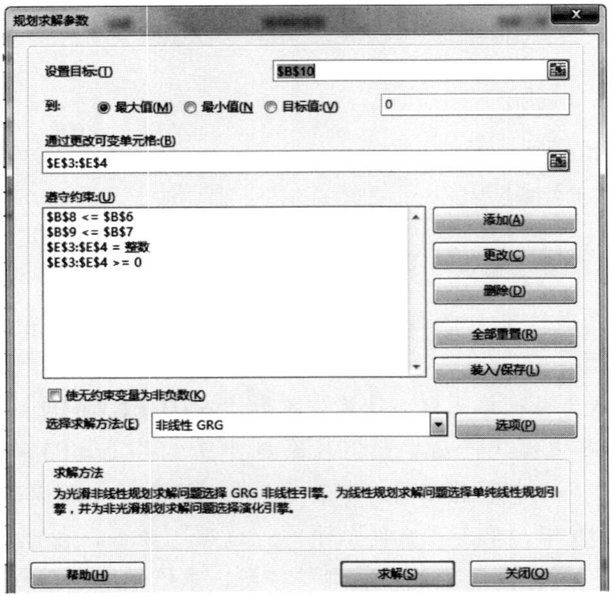

图 5－2　规划求解参数

(7) 在建好所有的规划求解参数后，单击“求解”按钮，系统将显示“规划求解结果”对话框，选择“保存规划求解结果”，则求解结果显示在工作表上，如图 5－3 所示。

	A	B	C	D	E
1	产品生产最优安排				
2	品名	单位产品消耗原料	单位产品消耗机器工时	单位毛利	生产量
3	甲产品	1.6	1	50	366
4	乙产品	2	2	65	107
5					
6	每月原料最大供应量	800			
7	每月机器最大工时	580			
8	实际原料耗用量	799.6			
9	实际生产工时	580			
10	总收益	25255			

图 5－3 规划求解结果

5.2 项目投资决策

5.2.1 项目投资决策概述

投资一般是指经济主体为了获取经济效益而投入资金或资源用以转化为实物资产或金融资产的行为和过程，主要包括项目投资和证券投资。其中，项目投资是指以扩大生产能力和改善生产条件为目的的资本性支出，它包括用于机器、设备、厂房的构建与更新改造等生产性资产的投资。

1. 项目投资的特点

与股票、债券等证券投资相比，项目投资主要具有以下特点：

(1) 投资金额大。

项目投资，特别是战略性的扩大生产能力投资，一般都需要较多的资金，其投资额往往是企业及其投资人多年的资金积累，在企业总资产中占有相当大的比重。因此，项目投资对企业未来的现金流量和财务状况都将产生深远的影响。

(2) 影响时间长。

项目投资的投资期及发挥的作用都较长，对企业未来的生产经营活动和长期经营活动都将产生长期和重大的影响。

(3) 变现能力差。

项目投资一般不准备在一年或大于一年的一个营业周期内变现，而且即使在短期内变现，其变现能力也较差。因为投资项目一旦完成，要想改变是相当困难的，不是无法实现，就是代价太大。

（4）投资风险大。

影响项目投资未来收益的因素特别多，加上投资额大、影响时间长和变现能力差，必将造成其投资风险大，对企业未来的命运产生决定性影响。无数事例证明，一旦项目投资决策失败，会给企业带来先天性的、无法逆转的损失。因此，通常进行项目投资之前，一定要进行详细的、全面的项目可行性分析和风险分析。

2. 种类

（1）新建项目。

新建项目是指以新建生产能力为目的的外延式扩大再生产。新建项目按照其设计内容又可分为单纯固定资产投资项目和完整工业投资项目。

①单纯固定资产投资项目简称固定资产投资，其特点在于：在投资中只包括为取得固定资产而发生的垫支资本投入而不涉及周转资本的投入。

②完整工业投资项目的特点在于：不仅仅包括固定资产投资，而且涉及流动资金投资，甚至包括无形资产投资等其他长期资产投资。

（2）更新改造项目。

更新改造项目是指以恢复或改善生产能力为目的的内含式扩大再生产。

本章所指项目投资是狭义的项目投资，特指生产性固定资产的投资，不包括对无形资产、递延资产与非生产性固定资产的投资。

3. 项目投资的程序

固定资产投资的程序一般分为以下几个步骤：

（1）项目提出。

投资项目提出是项目投资程序的起点，是以企业的长远发展战略、中长期投资计划和投资环境的变化为基础，同时在把握良好投资机会的前提下，由企业管理当局或企业高层管理人员提出或者由企业的各级管理部门和相关部门领导提出的。

（2）项目评价。

投资项目的评价工作一般主要涉及以下几项工作：首先是对提出的投资项目进行适当分类，为分析评价做好准备；其次是计算有关项目的建设周期，测算有关项目投产后的收入、费用和经济效益，预测有关项目的现金流入和现金流出；再次是运用各种投资评价指标，把各项投资按可行程度进行排序；最后是写出详细的评价报告。

（3）项目决策。

对投资项目做出评价后，应按照分权管理的决策权限由企业高层管理人员或者相关部门经理做出最后决策。投资金额小的战术性项目投资或维持性项目投资，一般由部门经理做出，特别重大的项目投资还需要报董事会或股东大会批准。不管由谁最后决策，其最后所做出的结论一般都可以分成以下三种：①接受这个投资项目，可以进行投资；②拒绝这个项目，不能进行投资；③发还给提出项目的部门，重新论证后再行处理。

（4）项目执行。

做出对项目进行投资的决定后，要积极筹措资金，实施项目投资。在投资项目的执行过程中，要对工程进度、施工成本、工程质量和工程概算进行监督、控制和审核，防止工程建设中的舞弊行为，确保工程质量，保证按时完成。

（5）项目再评价。

在投资项目的执行过程中，应注意评价原来做出的投资决策是否合理，是否正确。一旦出现新的情况，要随时根据变化的情况做出新的评价。如果情况发生重大变化，原来投资决策变得不合理，那么就要进行是否终止投资或怎样终止投资的决策，以免造成更大的损失。

5.2.2　现金流量计算

1. 现金流量的概念

现金流量又称为现金流动量，简称现金流，是指投资项目在其计算期内所引起的各项现金流出量与现金流入量的总称。项目投资中的现金流量包括现金流出量、现金流入量和现金净流量。现金净流量是指项目周期内现金流入量与现金流出量的差额。它是评价项目投资决策的主要依据。当现金流入量大于现金流出量时，现金净流量为正值；反之，为负值。

2. Excel 现金流量计算

根据现金流入量、现金流出量和现金净流量的构成内容，我们可以得出现金流量的计算公式：

$$\text{现金流入量} = \sum \text{各年营业现金流入} + \text{回收的固定资产残值} + \text{回收的流动资金}$$

$$\text{现金流出量} = \sum \text{各年付现成本} + \text{所得税} + \text{固定资产投资额} + \text{垫支的流动资金额}$$

$$\begin{aligned}\text{现金净流量} &= \text{现金流入量} - \text{现金流出量}\\ &= \sum \text{各年营业利润} \times (1 - \text{所得税率}) \times \text{各年折旧} + \text{回收的固定资产残值}\\ &\quad + \text{回收的流动资金} - \text{固定资产投资额} - \text{垫支的流动资金额}\end{aligned}$$

【例 5－2】大洋公司准备购入一台设备以扩充生产能力，现有甲、乙两种方案可以选择。甲方案需要投资 10000 元，使用寿命 5 年，采用直线法计提折旧，5 年后无残值，5 年中每年销售收入 8000 元，每年的付现成本 3000 元。乙方案需要投资 12000 元，使用寿命也是 5 年，采用直线法计提折旧，5 年后有残值收入 2000 元，5 年中每年销售收入 10000 元，第一年的付现成本 4000 元，以后随着设备陈旧，将逐年增加修理费 400

元，另需垫支营业资金 3000 元。假设所得税率为 25%，试计算两个方案的现金流量。

甲方案现金流量计算表，如图 5－4 所示。

	A	B	C	D	E	F	G	H
1	所得税率	25%		资金成本	10%		再投资报酬率	12%
2	甲方案							
3	年份	0	1	2	3	4	5	
4	固定资产投资	-10000						
5	销售收入		8000	8000	8000	8000	8000	
6	付现成本		3000	3000	3000	3000	3000	
7	折旧		2000	2000	2000	2000	2000	
8	税前利润		3000	3000	3000	3000	3000	
9	所得税		750	750	750	750	750	
10	税后利润		2250	2250	2250	2250	2250	
11	营业现金流量		4250	4250	4250	4250	4250	
12	净现金流量	-10000	4250	4250	4250	4250	4250	

图 5－4　甲方案现金流量计算

乙方案现金流量计算表，如图 5－5 所示。

	A	B	C	D	E	F	G
16	乙方案						
17	年份	0	1	2	3	4	5
18	固定资产投资	-12000					
19	营运资金垫支	-3000					
20	销售收入		10000	10000	10000	10000	10000
21	付现成本		4000	4400	4800	5200	5600
22	折旧		2000	2000	2000	2000	2000
23	税前利润		4000	3600	3200	2800	2400
24	所得税		1000	900	800	700	600
25	税后利润		3000	2700	2400	2100	1800
26	营业现金流量		5000	4700	4400	4100	3800
27	残值						2000
28	营运资金回收						3000
29	净现金流量	-15000	5000	4700	4400	4100	8800

图 5－5　乙方案现金流量计算

其中乙方案第一年单元格公式为：

折旧 C22 =(-$B$14 -$G$27)/5

税前利润 C23 = C20 - C21 - C22

所得税 C24 = C23 *$B$1

税后利润 C25 = C23 - C24

营业现金流量 C26 = C25 + C22

净现金流量 C29 = SUM(C26:C28)

其他年份复制第一年公式即可。甲方案请参照乙方案。

5.2.3 Excel 投资决策指标函数

项目投资评价的指标是衡量和比较项目是否可行并据以进行方案决策的量化标准。考虑时间价值的项目评价指标通常包括净现值、内部收益率等。Excel 提供了相应的函数，可以直接进行计算项目投资的指标。

1. 净现值函数 NPV( )

语法：NPV(rate,value1,value2,…)。

功能：在未来连续期间的现金流量 value1，value2，…，以及贴现率 rate 的条件下，返回某项投资的净现值。

参数：

rate：每一期现金流量折算为现值的利率，也就是投资方案的"必要报酬率"或"资金成本"。

value1，value2，…：各年流入或流出的现金流量，最少 1 个，最多 29 个参数。

说明：

（1）各现金流量 valuei 所属各期长度必须相等，而且现金流入和现金流出均发生在期末。

（2）value1，value2，…的顺序就是现金流量发生的先后顺序，NPV 函数根据书写的顺序解释现金流量的顺序。

（3）NPV 函数假设投资开始于 value1 现金流量的前一期，而结束于最后一笔现金流量的当期。如果第一笔现金流量发生在第一期的期初（例如第一期初的投资），需要将第一笔现金流量加到 NPV 函数的计算结果上，而不应包含在 value 参数序列中。所以，NPV 函数的计算结果是第一年末到第 n 年末现金流量的净现值，其计算公式为：

$$\sum_{t=1}^{n} \frac{value_t}{(1 + rate)^t}$$

（4）投资方案的净现值 NPV = NPV(rate,value1,value2,…) - Investment

用现金流量图表示各参数之间的关系，如图 5-6 所示。

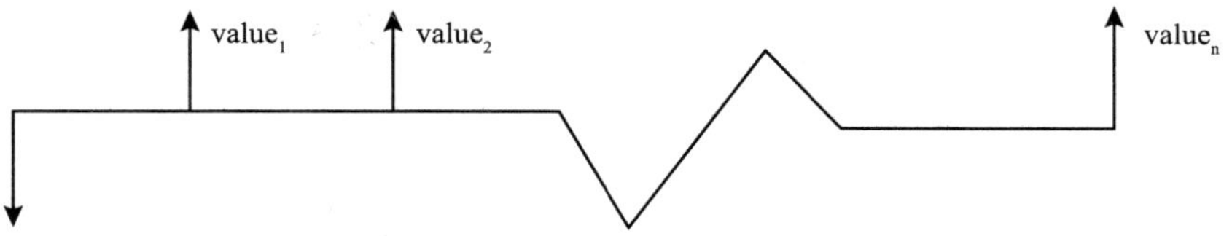

图 5-6 现金流量图

【例 5-3】某企业现投资 100 万元，以后 5 年每年年底分别收回 20 万元、45 万元、80 万元、80 万元、88 万元。假设资金成本为 10%，计算其净现值。

净现值计算公式为：

=NPV(10%,20,45,80,80,88)-100，其计算结果为 122.90 万元。

2. 内部收益率函数 IRR( )

语法：IRR(values,guess)。

功能：返回连续期间的现金流量的内部收益率。

参数：

values：各年现金流量，必须至少一个正数及一个负数，否则内含报酬率可能是无限解。

guess：猜想的接近 IRR 结果的数值，可以省略。

说明：

（1）values 必须是含有数值的数组或者参考地址，如 A3:A8，表示在工作表的第一列的第三行到第八行的数值作为现金流量。它必须至少有一个正数及一个负数，否则内含报酬率可能是无限解。IRR 根据 values 参数中数字的顺序来解释现金流量的顺序，所以在输入现金流量时，必须按照正确的顺序排序。values 参数中的正文、逻辑值或空白单元，都被忽略不计。

（2）Excel 从 guess 猜测数开始，反复计算，直到误差值小于 0.00001%，如果在反复计算 20 次后，依旧无法求得结果，IRR 函数会返回错误值#NUM!。该参数如果省略，系统默认为 10%。如果 IRR 函数会返回错误值#NUM!，则应使用不同的 guess 猜测数再试一次。

【例 5-4】 某企业现在投资 100 万元，以后 3 年每年收入 40 万元、43 万元、50 万元，计算内涵报酬率公式为：

=IRR({-100,40,43,50})，计算结果为 15.10%。

3. 修正内含报酬率函数

语法：MIRR(values,finance_rate,reinvest_rate)。

功能：返回连续期间的现金流量的修正内含报酬率。MIRR 同时考虑了投资资金的成本及各期收入的再投资报酬率。

参数：

values：各年现金流量，必须至少一个正数及一个负数。

finance_rate：资金成本或必要报酬率。

reinvest_rate：再投资的机会成本或必要报酬率。

【例 5-5】 以前例现金流量计算为例，计算方案 1 和方案 2 的净现值、内部收益率和修正内部收益率。

甲方案，如图 5-7 所示。

净现值 B13=NPV($E$1,C12:G12)+B12；

内部收益率 B14=IRR(B12:G12)；

修正内部收益率 B15=MIRR(B12:G12,$E$1,$H$1)。

	A	B	C	D	E	F	G	H
1	所得税率	25%		资金成本	10%		再投资报酬率	12%
2	甲方案							
3	年份	0	1	2	3	4	5	
4	固定资产投资	-10000						
5	销售收入		8000	8000	8000	8000	8000	
6	付现成本		3000	3000	3000	3000	3000	
7	折旧		2000	2000	2000	2000	2000	
8	税前利润		3000	3000	3000	3000	3000	
9	所得税		750	750	750	750	750	
10	税后利润		2250	2250	2250	2250	2250	
11	营业现金流量		4250	4250	4250	4250	4250	
12	净现金流量	-10000	4250	4250	4250	4250	4250	
13	净现值	¥6,110.84						
14	内部收益率	32%						
15	修正内部收益率	22%						

图 5-7　甲方案投资决策指标计算

乙方案，如图 5-8 所示。

净现值 B30 = NPV($E$1,C29:G29) + B29;

内部收益率 B31 = IRR(B29:G29);

修正内部收益率 B32 = MIRR(B29:G29,$E$1,$H$1)。

最后，比较两个方案的净现值（或者内部收益率），选择较大的为最优方案。

在 A33 单元格输入函数：=IF(B13 > B30,"选择方案甲","选择方案乙")。

	A	B	C	D	E	F	G
16	乙方案						
17	年份	0	1	2	3	4	5
18	固定资产投资	-12000					
19	营运资金垫支	-3000					
20	销售收入		10000	10000	10000	10000	10000
21	付现成本		4000	4400	4800	5200	5600
22	折旧		2000	2000	2000	2000	2000
23	税前利润		4000	3600	3200	2800	2400
24	所得税		1000	900	800	700	600
25	税后利润		3000	2700	2400	2100	1800
26	营业现金流量		5000	4700	4400	4100	3800
27	残值						2000
28	营运资金回收						3000
29	净现金流量	-15000	5000	4700	4400	4100	8800
30	净现值	¥5,000.00					
31	内部收益率	21%					
32	修正内部收益率	17%					
33	选择方案甲						

图 5-8　乙方案投资决策指标计算

5.2.4　固定资产折旧函数

固定资产投资的一个主要特征是能够连续在若干个生产周期内发挥作用并保持其原有的实物形态，其价值则随着固定资产的损耗而逐步转移到所生产的产品中去。这部分转移到产品中去的固定资产价值，就是固定资产折旧。

1. 固定资产折旧计提方法

计提固定资产折旧的方法有很多，包括直线折旧法、工作量法、年数总和法、双倍余额递减法等。对于一些技术发展较快的行业，其固定资产可以采用双倍余额递减法或年数总和法。

（1）直线折旧法（Straight Line）。

直线折旧法又称平均年限法，是按固定资产使用年限平均计算折旧的一种方法，其计算简单，应用较为普遍。在折旧年限内，直线折旧法每年折旧金额相等。其计算公式如下：

$$年折旧额=\frac{固定资产原值-预计净残值}{预计使用年限}$$

（2）年数总和法（Sum of Years Digits）。

年数总和法是指将固定资产原值减去残值后的净额乘以一个逐年递减的折旧率计算额定固定资产折旧的一种方法。每年的折旧率的分母是固定资产的使用年限各年年数之和，分子是固定资产各年的尚可使用年限。由于每年的尚可使用年限是不同的，因此，在折旧年限内，年数总和法计算得到的折旧额每年不相等。其计算公式如下：

$$年折旧额=(固定资产原值-预计净残值)\times\frac{尚可使用年限}{使用年限之和}$$

（3）双倍余额递减法（Double Declining Balance）。

双倍余额递减法函数，是用直线法的双倍百分比，逐期乘以该期期初固定资产账面余额，作为该期的折旧额。一般地，到了最后两年，当双倍余额递减法计算的折旧额小于直线法计提的折旧额时，将双倍余额递减法转换为直线法计提折旧。

$$年折旧率=\frac{2}{使用年限}\times100\%$$

$$年折旧额=期初固定资产账面余额\times年折旧率$$

2. Excel 固定资产折旧函数

Excel 提供了对应的折旧函数，可直接计算出固定资产的折旧金额。这些函数可结合固定资产折旧方法的英文缩写进行记忆。

（1）直线折旧法函数 SLN( )。

语法：SLN(cost,salvage,life)。

参数说明：

cost：资产原值。

salvage：资产残值。

life：资产的使用寿命，所有的残值必须为整数，否则返回错误值#NUM!。

功能：返回某项固定资产每期按直线折旧法计算的折旧额。直线折旧法每年折旧金额完全相同，所以在后面的直线折旧法当中，不存在区分年限的参数。

（2）年数总和法函数 SYD( )。

语法：SYD(cost,salvage,life,per)。

参数说明：

cost：资产原值；

salvage：资产残值；

life：折旧期限；

per：期间，其单位与 life 相同。由于年数综合法计算的每期折旧金额不相同，所以，在参数中增加了反映年份的参数 per。

功能：返回某项固定资产每期按年数总和法计算的折旧额。

（3）双倍余额递减法函数 DDB。

语法：DDB(cost,salvage,life,period,factor)。

参数说明：

factor：余额递减速率。如果 factor 被省略，则假设为 2（双倍余额递减法）。

功能：返回某项固定资产每期按双倍余额递减法计算的折旧额。

一般地，到了最后两年，当双倍余额递减法计算的折旧额小于直线法计提的折旧额时，将双倍余额递减法转换为直线法计提折旧。所以，在使用该函数时，如果到了最后两年，要将该函数转换为直线折旧函数。

（4）倍率余额递减法函数 VDB。

语法：VDB(cost,salvage,life,start_period,end_period,factor,no_switch)。

参数说明：

start_period：进行折旧计算的起始期间。start_period 必须与 life 的单位相同。

end_period：进行折旧计算的截止期间。end_period 必须与 life 的单位相同。

factor：余额递减速率（折旧因子），如果 factor 被省略，则假设为 2（双倍余额递减法）。如果不想使用双倍余额递减法，可改变参数 factor 的值。

no_switch：逻辑值，指定当折旧值大于余额递减计算值时，是否转用直线折旧法。如果 no_switch 为 TRUE，即使折旧值大于余额递减计算值，Microsoft Excel 也不转用直线折旧法。如果 no_switch 为 FALSE 或被忽略，且折旧值大于余额递减计算值时，Excel 将转用线性折旧法。

功能：返回某项固定资产从 start_period 到 end_period 时期内的折旧数额的合计数。

5.2.5 固定资产更新决策模型设计

由于科学技术的高速发展，固定资产更新换代的周期越来越短。旧设备在性能、耗费等各方面往往落后于新设备，这时要考虑是否对固定资产进行更新。因此，固定资产更新决策成为企业长期决策的一项重要内容。固定资产更新决策主要研究两个问题：一个是决定是否更新，即继续使用旧设备还是更新新资产；另一个是决定选择什么样的资产来更新。

对于固定资产更新决策问题，要根据新、旧设备的寿命期是否相同选择不同的决策方法，当新、旧设备的尚可使用年限相同时，选择差额分析法进行决策。当新旧设备尚可使用年限不同时，采用平均年限法进行决策。

1. 寿命期相同的固定资产更新决策模型设计

下面我们以例题的形式来对寿命期相同的固定资产更新决策模型设计进行说明。

【例5－6】 某企业考虑用一台新的、效率更高的设备代替旧设备，以减少成本，增加收益。旧设备原购置成本为40000元，已经使用5年，估计还可使用5年，已经计提折旧20000元，假定使用期满后无残值。如果现在销售可得价款10000元，使用旧设备每年可获得销售收入50000元，每年付现成本为30000元。该公司现准备用一台新设备代替旧设备，新设备的购置成本为60000元，估计可以使用5年，期满有残值10000元。使用新设备后，每年收入可增加到80000元，每年付现成本为40000元。假设该公司的资金成本为10%，所得税率为25%，新、旧设备分别使用年数总和法和平均年限法计提折旧。试做该公司是否进行更新的决策。

一个方案是继续使用旧设备，另一个方案是出售旧设备而购置新设备。为此，可采用差额分析法计算一个方案比另一个方案增减的现金流量。

1. 现金流量表中公式的定义

新旧设备的现金力量表中存在着钩稽关系：

税前净利＝销售收入－付现成本－折旧额

所得税＝税前净利×所得税税率

税后净利＝税前净利－所得税

营业现金流量＝税后净利＋折旧额

现金流量＝营业现金流量＋终结现金流量

2. 固定资产更新决策模型公式的建立

（1）旧设备现金流量表中的公式建立。

如图5－9所示，首先利用Excel建立表格结构，将各项目名称输入到一定的位置上，然后在需要建立公式的单元格中，建立相应的计算公式。

①分别定义新、旧设备的相关基础数据。例如，定义B2单元格名称为“资金成本”，定义D2单元格名称为“所得税率”，定义B4单元格名称为“初始投资_旧”，定义B7单元格为“残值_旧”等。

②建立旧设备的各单元格公式。

输入B11:F12单元格数据。

第13行，即折旧额行单元计算公式为：

B13＝SLN(初始投资_旧,残值_旧,使用年限_旧)

C13 = SLN(初始投资_旧,残值_旧,使用年限_旧)

D13 = SLN(初始投资_旧,残值_旧,使用年限_旧)

E13 = SLN(初始投资_旧,残值_旧,使用年限_旧)

F13 = SLN(初始投资_旧,残值_旧,使用年限_旧)

在输入公式时，可先输入 B13 单元格公式，再复制到 C13:F13 即可。由于各年的计算公式基本一致，下面省略掉第 2 年到第 5 年的计算公式，只要定义好第 1 年公式，其他年份直接复制第 1 年公式即可。

第 14 行，税前利润行的计算公式：B14 = B11 - B12 - B13

第 15 行所得税行的计算公式：B15 = B14 * 所得税率

第 16 行，税后净利 B16 = B14 - B15

第 17 行，营业净现金流量 B17 = B16 + B13

	A	B	C	D	E	F
1			固定资产更新决策模型			
2	资金成本:	10%	所得税率:	25%		
3	旧设备:					
4	初始投资	40000				
5	预计使用年限	10				
6	已使用年限	5				
7	残值	0				
8	折旧方法	直线法				
9	变现收入	10000				
10	旧设备\剩余使用年限	1	2	3	4	5
11	销售收入	50000	50000	50000	50000	50000
12	付现成本	30000	30000	30000	30000	30000
13	折旧额	4000	4000	4000	4000	4000
14	税前净利	16000	16000	16000	16000	16000
15	所得税	4000	4000	4000	4000	4000
16	税后净利	12000	12000	12000	12000	12000
17	营业净现金流量	16000	16000	16000	16000	16000

图 5-9　旧设备现金流量计算

(2) 新设备现金流量表中的公式建立。

第 13 行，即折旧额行单元计算公式为：

I13 = SYD(初始投资_新,残值_新,使用年限_新,I10)

J13 = SYD(初始投资_新,残值_新,使用年限_新,J10)

K13 = SYD(初始投资_新,残值_新,使用年限_新,K10)

L13 = SYD(初始投资_新,残值_新,使用年限_新,L10)

M13 = SYD(初始投资_新,残值_新,使用年限_新,M10)

其他单元格公式参照旧设备，如图 5-10 所示。

	H	I	J	K	L	M
3	新设备:					
4	初始投资	60000				
5	预计使用年限	5				
6	已使用年限	0				
7	残值	10000				
8	折旧方法	年数总和法				
9						
10	新设备\剩余使用年限	1	2	3	4	5
11	销售收入	80000	80000	80000	80000	80000
12	付现成本	40000	40000	40000	40000	40000
13	折旧额	16667	13333	10000	6667	3333
14	税前净利	23333	26667	30000	33333	36667
15	所得税	5833	6667	7500	8333	9167
16	税后净利	17500	20000	22500	25000	27500
17	营业净现金流量	34167	33333	32500	31667	30833

图 5－10　新设备现金流量计算

（3）差量分析表中差额公式的建立。

B21 = －(初始投资_新 － 变现收入_旧)

C22 = I11 － B11，将其拖动复制到 C23:C28，同理再拖动复制到 D22:G28。

G29 = 残值_新 － 残值_旧

B30 = B21

C30 = C28 + C29，将其拖动复制到 D30:G30。

（4）结论。

在 A32 单元格输入“净现值差额 =”，在 B32 输入公式 = NPV(B2,C30:G30) + B30。

在 A33 单元格输入“因为新旧净现值差”，在 B32 单元格输入公式： = IF(B32 > 0,"大于零","小于零")。

在 C33 单元格输入汉字“所以选择”，在 D33 单元格输入公式 = IF(B32 > 0,"更新新设备","继续使用旧设备")。

具体如图 5－11 所示。

	A	B	C	D	E	F	G
18							
19			差额分析（新设备-旧设备）				
20	剩余使用年限	0	1	2	3	4	5
21	初始投资	-50000					
22	销售收入		30000	30000	30000	30000	30000
23	付现成本		10000	10000	10000	10000	10000
24	折旧额		12666.67	9333.33	6000.00	2666.67	-666.67
25	税前净利		7333.33	10666.67	14000.00	17333.33	20666.67
26	所得税		1833.33	2666.67	3500.00	4333.33	5166.67
27	税后净利		5500	8000	10500	13000	15500
28	营业净现金流量		18166.67	17333.33	16500.00	15666.67	14833.33
29	终结现金流量						10000
30	现金流量	-50000	18167	17333	16500	15667	24833
31							
32	净现值差额=	￥19,357.00					
33	因为净现值差额	大于零	所以选择	更新新设备			

图 5－11　差额分析

2. 寿命期不同的固定资产更新改造

上面讨论的是寿命期相同的固定资产更新改造项目，当新设备的使用年限和旧设备的尚可使用年限不相同时，就不能使用差额分析法或者直接比较净现值法。另外，在固定资产更新决策中，我们也往往可以假设设备更新后不会改变企业的生产能力，也不会增加企业的现金流入。通过固定资产的更新，只是能够改变设备的运行成本，这样，也就无法计算更新决策给企业带来的净现值。此时，需要使用年均成本法进行分析，即比较继续使用旧设备和更新新设备的平均年成本，以年均成本低的作为较好的方案。

有关计算公式如下：

设备投资 = 变现价值 −（变现价值 − 目前账面价值）× 所得税税率

税后残值收入 = 最终报废残值 −（最终报废残值 − 税法残值）× 所得税税率

经营期税后现金流出 = 付现成本 ×（1 − 所得税税率）− 折旧 × 所得税税率

经营期末税后现金流出 = 付现成本 ×（1 − 所得税税率）− 折旧 × 所得税税率 − 最终报废残值

【例 5 −7】 某企业有一台旧设备，工程技术人员提出更新要求。经过详细的分析研究，得到了继续使用旧设备和更新新设备的有关数据。基本数据如图 5 − 12 所示。该企业要求的最低报酬率为 15%。请分析：是否更新设备？

	A	B	C
1	固定资产更新分析　单位：元		
2	项目	旧设备	新设备
3	原　值	40000	48000
4	税法残值（10%）	4000	4800
5	预计使用年限（年）	10	10
6	已经使用年限（年）	4	0
7	最终报废残值	3000	6000
8	变现价值	12000	48000
9	年付现成本	14000	8000
10	年折旧（直线法）	3600	4320
11	贴现率	15%	15%
12	所得税税率	25%	25%
13	决策分析		
14	项目	净现金流出现值	
15	设备投资	15400	48000
16	税后付现成本	39737.07	30112.61
17	折旧抵税	-3406.03	-5420.27
18	最终报废残值	-1296.98	-1483.11
19	合计	50434.05	71209.23
20	年均成本	13326.54	14188.59
21	结论：	继续使用旧设备	

图 5 − 12　寿命期不同的更新决策

计算过程：

1. 录入基本数据

如图 5 − 12 所示。

2. 在决策分析区域计算新旧设备的设备投资现值

B15 = B8 - (B8 - (B3 - B10 * B6)) * B12

C15 = C8 - (C8 - (C3 - C10 * C6)) * C12

3. 计算新旧设备税后付现成本现值

B16 = PV(B11, B5 - B6, - B9 * (1 - B12))

C16 = PV(C11, C5 - C6, - C9 * (1 - C12))

4. 计算新旧设备的折旧抵税额现值

B17 = PV(B11, B5 - B6, B10 * B12)

C17 = PV(C11, C5 - C6, C10 * C12)

5. 计算新旧设备的最终报废残值的现值

B18 = - (B7 - (B7 - B4) * B12)/(1 + B11)^(B5 - B6)

C18 = - (C7 - (C7 - C4) * C12)/(1 + C11)^(C5 - C6)

6. 计算新旧设备的现金流出现值合计数

B19 = SUM(B15:B18)

C19 = SUM(C15:C18)

7. 计算新旧设备年均运行成本

B20 = B19/PV(B11, B5 - B6, - 1)

C20 = C19/PV(C11, C5 - C6, - 1)

8. 得出结论（见图 5 - 12）

B21 = IF(B20 > C20, "更新设备", "继续使用旧设备")

5.2.6 投资风险分析模型设计

前面在讨论投资决策时，曾经假设现金流量是确定的，即可以确定现金收支的金额及其发生时间。实际上，投资活动充满不确定性。当这种不确定性比较大，足以影响方案的选择时，就应该对风险进行计量并在决策时加以考虑。投资风险分析的常用方法有风险调整贴现率法和肯定当量法。

1. 风险调整贴现率法

风险调整贴现率法的基本思想是对高风险的项目，采用较高的贴现率，即用一个包含了风险因素的贴现率——风险调整贴现率去计算净现值，然后根据净现值法的规则来选择方案。

风险调整贴现率的计算公式为：$K = i + b \times Q$

式中，i 为无风险贴现率，b 为风险报酬斜率，Q 为风险程度。

假定 i 是确定的，为了计算 K，先要确定 Q 和 b。

（1）确定风险程度 Q。

利用统计学中的标准差法测算风险，即以标准差作为衡量风险的尺度。投资方案现金净流量的标准差越大，则说明其离散趋势越大，风险越大；反之，则说明该投资方案离散趋势越小，风险越小。

①计算现金净流量期望值 E。

它反映了现金净流量的集中趋势。某现金净流量期望值是，某期各种可能的现金净流量按期概率进行加权平均得到现金净流量，它的计算公式是：

$$E = \sum_{i=1}^{n} CFAT_i \times P_i$$

式中，E 为某期的现金净流量期望值；

$CFAT_i$ 为某期第 i 种可能的现金净流量；

P_i 为第 i 种可能现金净流量的概率；

n 为可能现金流量的个数。

②计算各期现金净流量期望值的现值 EPV，其式为：

$$EPV = \frac{E_1}{(1+i)^1} + \frac{E_2}{(1+i)^2} + \cdots + \frac{E_n}{(1+i)^n}$$

式中，EPV 为某期的现金净流量期望值的现值；

E 为第 i 期现金净流量期望值；

i 为无风险贴现率。

③计算各期现金净流量的标准离差 d。

标准离差是各种可能的现金净流量偏离期望现金净流量的综合差异。某期现金净流量标准离差的计算公式为：

$$d = \sqrt{\sum_{i=1}^{n} (CFAT_i - E)^2 \times P_i}$$

④计算各期望现金净流量综合标准离差 D。计算公式为：

$$D = \sqrt{\sum_{i=1}^{n} \frac{d_t}{(1+i)^{2t}}}$$

⑤计算标准离差率——风险程度 Q。

标准离差率，即风险程度，其值为综合标准离差 D 与现金流量期望值的比值。计算公式为：

$$Q = \frac{\text{综合标准离差}}{\text{现金流量期望值的现值}} = \frac{D}{EPV}$$

（2）确定风险报酬斜率 b。

风险报酬斜率是直线方程 $K = i + b \times Q$ 的斜率，它的高低反映了风险程度变化对风险调整最低报酬率的影响的大小。风险报酬斜率可以根据企业的历史资料通过统计的方法来测定，也可由投资者分析判断得出。如果投资者愿意冒险，风险报酬斜率可以取小些；如果投资者不愿意冒险，风险报酬斜率就取大些。

（3）用风险调整贴现率 K 计算方案的净现值。

Q 和 b 确定后，风险调整贴现率 K 也确定了，$K = i + b \times Q$ 用风险调整贴现率作为计算净现值的贴现率，再根据求净现值的方法选择方案。净现值的计算公式为：

$$NPV=\frac{E_1}{(1+K)^1}+\frac{E_2}{(1+K)^2}+\cdots+\frac{E_n}{(1+K)^n}$$

【例 5-8】 某企业某项投资有三个实现方案，三个方案的现金流量和概率如图 4-13 所示，建立项目风险分析模型，对项目进行决策。

（1）建立基本数据区。

输入基本数据，如图 5-13 所示。

	A	B	C	D	E	F	G
1			投资风险分析模型				
2	基本数据区（单位：万元）						
3	无风险报酬率i	10%					
4	风险报酬率b	0.1					
5		方案1		方案2		方案3	
6	t 期数	现金流量	概率Pi	现金流量	概率Pi	现金流量	概率Pi
7	0	-1000	1	-800	1	-400	1
8	1	600	0.25				
9		400	0.5				
10		200	0.25				
11	2	800	0.2	600	0.3		
12		600	0.6	500	0.4		
13		400	0.2	400	0.3		
14	3	500	0.3	400	0.2	600	0.1
15		400	0.4	800	0.6	800	0.8
16		300	0.3	1200	0.2	1000	0.1

图 5-13 基本数据

（2）建立数据分析区域。

根据风险调整贴现率的原理，按顺序计算现金净流量期望值 E、标准离差 d、期望现值 EPV、综合标准离差 D、风险程度 Q、风险调整贴现率 K 和考虑风险因素净现值 NPV，建立分析区域，如图 5-14 所示。

	A	B	C	D	E	F	G
17							
18			投资风险分析区域				
19							
20		方案1		方案2		方案3	
21	t 期数	现金流量期望值E	标准离差d	现金流量期望值E	标准离差d	现金流量期望值E	标准离差d
22	1	400	141.42	0		0	
23	2	600	126.49	500	77.46	0	
24	3	400	77.46	800	252.98	800	89.44
25		期望现值EPV	1160.03	期望现值EPV	1014.27	期望现值EPV	601.05
26		综合标准差D	175.62	综合标准差D	200.56	综合标准差D	67.20
27		风险程度Q	0.15	风险程度Q	0.20	风险程度Q	0.11
28		风险调整贴现率K	11.5%	调整风险贴现率K	11.98%	调整风险贴现率K	11.12%
29		净现值NPV	129.65	净现值NPV	168.53	净现值NPV	183.09
30							
31	最大净现值为	183.09					
32	结论：选择	选择方案3					

图 5-14 投资风险分析区域

具体计算公式如下：

（1）甲方案。

现金净流量期望值 E 的计算：

B22 = B8 * C8 + B9 * C9 + B10 * C10

B23 = B11 * C11 + B12 * C12 + B13 * C13

B24 = B14 * C14 + B15 * C15 + B16 * C16

标准离差 d 的计算：

C22 = SQRT((B4 - B22)^2 * C8 + (B9 - B22)^2 * C9 + (B10 - B22)^2 * C10)

C23 = SQRT((B11 - B23)^2 * C11 + (B12 - B23)^2 * C12 + (B13 - B23)^2 * C13)

C24 = SQRT((B14 - B24)^2 * C14 + (B15 - B24)^2 * C15 + (B16 - B24)^2 * C16)

期望现值 EPV 的计算：

C25 = NPV($B$3,B22,B23,B24)

综合标准差的计算：

C26 = SQRT(C22^2/(1 +$B$3)^(2 *$A$22) + C23^2/(1 +$B$3)^(2 *$A$23) + C24^2/(1 +$B$3)^(2 *$A$24))

风险程度 Q 的计算：

C27 = C26/C25

风险调整贴现率 K 的计算：

C28 =$B$3 +$B$4 * C27

考虑风险因素计算的净现值：

C29 = NPV(C28,B22,B23,B24) + B7

（2）乙、丙方案。

因为甲、乙、丙方案计算公式完全相同，所以，在分析区中，甲方案的各种公式建立起来后，只要在分析甲方案时的公式考虑到方案乙、丙的复制，采用相应的相对引用和绝对引用正确无误，乙方案和丙方案就可以直接复制甲方案的对应公式。

（3）最后，比较三种方案的净现值，得出分析结果（见图 5 - 14）。

B32 = MAX(C29,E29,G29)

B33 = IF(C29 =$B$31,"选择方案 1",IF(E29 =$B$31,"选择方案 2","选择方案 3"))

2. 肯定当量法

肯定当量法是另外一种常用的风险分析方法。这种方法是先用一个系数把风险的现金收支调整为无风险的现金收支，然后用无风险的贴现率去计算净现值，以便用净现值的规则去判断投资机会的可取程度。运用肯定当量法进行互斥方案的选择时，同样应选择净现值大的方案。

肯定当量系数是指不肯定的 1 元现金流量期望值相当于使投资者满意的肯定现金流量的系数。因为，肯定的 1 元比不肯定的 1 元更受欢迎，不肯定的 1 元只相当于不足 1

元的金额。两者的差额与不确定程度有关。以变化系数表示现金流量的不确定性程度，则变化系数和肯定当量系数的经验关系如表 5－1 所示。

表 5－1　　　　肯定当量系数表

变化系数	肯定当量系数	变化系数	肯定当量系数
0.00～0.07	1	0.33～0.42	0.6
0.04～0.15	0.9	0.43～0.54	0.5
0.16～0.23	0.8	0.55～0.70	0.4
0.24～0.32	0.7		

计算过程：

（1）根据投资项目的标准离差和期望值确定各年的变化系数。

（2）查表确定肯定当量系数。

（3）计算净现值。

在肯定当量法下，其项目投资净现值的计算公式是：

$$NPV = \sum_{t=0}^{n} \frac{a_t \cdot CAFT_t}{(1+i)^n}$$

式中，a_t：t 年现金流量的肯定当量系数，在 0 到 1 之间；

i：无风险报酬率；

$CAFT_t$：税后现金流量。

【例 5－9】 仍以前例资料为例，建立 Excel 环境下的肯定当量模型。

步骤：

（1）建立肯定当量系数区域，分别录入变化系数和肯定当量系数。

（2）建立“肯定当量法”页面和“风险调整贴现率”页面的取值关系，例如方案 1 第一年的期望值为：“＝风险调整贴现率！B22”，其他年份同理。

（3）计算当年标准差和期望值所对应的变化系数。例如方案 1 第一年的变化系数为：“＝IF(B12<>0,风险调整贴现率！C22/风险调整贴现率！B22,"无意义")”，其他年份同理。

（4）查找方案 1 第一年的变化系数的肯定当量。公式为：

“＝VLOOKUP(C12,$A$2：$B$8,2)”。

（5）计算肯定现值。公式为：“＝(D12＊B12)/(1＋资金成本)^A12”。

（6）最后，计算肯定现值合计数，即为肯定当量法的 NPV 值。图 5－15 为方案 1 的计算结果。

同理，建立方案 2 的肯定当量模型，如图 5－16 所示。

	A	B	C	D	E
1	变化系数	肯定当量系数			
2	0	1			
3	0.07	0.9			
4	0.15	0.8			
5	0.23	0.7			
6	0.32	0.6			
7	0.42	0.5			
8	0.54	0.4			
9	0.7	0.3			
10			肯定当量模型		
11		方案1			
12	年份	期望值	变化系数	肯定当量	肯定现值
13	1	400	0.35	0.60	218.18
14	2	600	0.21	0.80	396.69
15	3	400	0.19	0.80	240.42
16					855.30

图 5-15　方案 1 的肯定当量模型

	F	G	H	I	J
11		方案2			
12		期望值	变化系数	肯定当量	肯定现值
13					0.00
14		500	0.15	0.80	330.58
15		800	0.32	0.70	420.74
16					751.31

图 5-16　方案 2 的肯定当量模型

最后，比较各个方案的期望值的现值。现值大的为较优方案。

本章实验与实训

【实验目的】 学会使用 Excel 中决策函数和折旧函数进行相应的决策，熟练掌握固定资产更新模型和投资风险分析模型。

【实验资料】

1. 已知企业资金成本为 10%，再投资收益率为 12%，有三种互斥投资方案，有关资料如表 5-2 所示。

表 5-2　三种投资方案资料

期间	A 方案（元）	B 方案（元）	C 方案（元）
0	-20000	-15000	-18000
1	12000	9000	13000
2	13000	10000	12000
3	12000	11000	10000

（1）分别计算三种方案的净现值、内部收益率、修正的内含报酬率。

（2）对该互斥方案进行投资决策。

2. 某公司要进行重置设备的决策，有关资料如表 5-3 所示。

表 5-3　基础数据

项目	旧设备	新设备
原始成本（元）	100000	340000
预计使用年限（年）	20	10
已使用年限（年）	10	
预计残值（元）	3000	17000
变现价值（元）	40000	
折旧方法	平均年限法	年数总和法
每年销售收入（元）	100000	1200000
每年付现成本（元）	770000	628200

所得税率为 25%，资金成本和工资的最低报酬率为 10%，用差量分析法进行固定资产更新决策。

3. 某公司正在研究一个投资项目的取舍，该项目现金流量的概率分布如表 5-4 所示。

表 5-4　投资项目现金流量分布

年份	现金流量（元）	概率
0	-200	1.0
1	60	0.3
	80	0.4
	100	0.3
2	80	0.2
	90	0.5
	100	0.3
3	90	0.4
	100	0.6
4	80	0.5
	90	0.5

假定无风险贴现率为 15%，风险报酬斜率为 0.2，利用风险调整贴现率法进行决策。

【实验要求】

在一个工作簿中的三个工作表中分别根据资料 1、2、3，建立无风险投资方案分析模型、固定资产更新决策分析模型和投资风险分析模型。

第 6 章　Excel 筹资决策

6.1　筹资决策概述

企业进行正常的生产经营活动，必须筹集必要数量的长期资金。使用长期资金可以减少财务风险，保证生产经营对资金的需要。能以低风险、低成本筹集长期资金，是现代企业具有竞争能力的主要表现，所以资金的筹集是企业财务管理的一项重要内容。目前，企业的资金来源渠道主要有国家资金、银行资金、其他企业资金、集体和个人资金。企业的资金筹集方式有股票、债券、银行借款、租赁、商业信用、商业票据等。

6.1.1　长期筹资意义

任何企业在创立和发展过程中都需要筹资。企业筹资活动是指企业作为筹资主体，根据经营活动、投资活动和资本结构调整等需要，通过一定的金融市场和筹资渠道，采用一定的筹资方式，经济有效地筹措和集中资本的活动。企业筹资活动是企业的一项重要财务活动，其相关的业务是企业的基本经济业务。

企业的筹资分为短期筹资和长期筹资。长期筹资是指企业作为筹资主体，根据其经营活动、投资活动和调整资本结构等长期需要，通过长期筹资渠道和资本市场，运用长期筹资方式，经济有效地筹措和集中长期资本的活动。长期筹资是企业筹资的主要内容，短期投资则归为营运资金管理的内容。

长期筹资的意义：

（1）任何企业在生存发展过程中，都需要维持一定的资本规模，由于生产经营活动的发展变化，往往需要追加筹资。例如，有的企业为了增加经营收入，降低成本费用，提高利润水平，需要根据市场需求的变化，扩大生产经营规模，调整生产经营结构，研制开发新产品，所有这些经营策略的实施通常都要求有一定的资本。

（2）企业为了稳定一定的供求关系并获得一定的投资收益，对外开展投资活动，往往也需要筹资资本。例如，有的企业为了保证其产品生产所必需的原材料供应，向供应商投资并获得控制权。

（3）企业根据内外部环境的变化，适时采取调整企业资本结构的策略，也需要及时地筹集资本。例如，有的企业由于资本结构不合理，负债比率过高，偿债压力过大，财务风险过高，主动地通过筹资来调整资本结构。企业持续的生产经营活动，不断产生对资本的需求，需要筹措和集中资本；同时，企业因开展对外投资活动和调整资本结构，也需要筹措和集中资本。

6.1.2 长期筹资的类型

由于筹资范围、筹资机制和资本属性不同，企业的长期筹资区分为各种不同类型。

1. 内部筹资与外部筹资

企业的长期筹资按资本来源的范围不同，可分为内部筹资和外部筹资两种类型。企业一般应在充分利用内部筹资来源之后，再考虑外部筹资问题。

（1）内部筹资。内部筹资是指企业在内部通过留用利润而形成的资本来源。内部筹资是企业内部自然形成的，因此被称为“自动化的资本来源”，一般无须花费筹资费用，其数量通常由企业可分配利润的规模和利润分配政策所决定。

（2）外部筹资。外部筹资是指在企业内部不能满足需要时，向企业外部筹资而形成的资本来源。处于初创期的企业，内部筹资的可能性是有限的；处于成长期的企业，内部筹资往往难以满足需要。于是，企业要广泛开展外部筹资。

企业外部的筹资方式很多，主要有投入资本筹资、发行股票筹资、长期借款筹资、发行债券筹资和融资租赁筹资等。

2. 直接筹资和间接筹资

企业的筹资活动按其是否借助银行等金融机构，可分为直接筹资和间接筹资两种类型。这两种筹资活动的区别主要取决于宏观筹资机构和政策。

（1）直接筹资。直接筹资是指企业不借助银行等金融机构，直接与资本所有者协商融通资本的一种筹资活动。在直接筹资活动过程中，筹资企业无须借助银行等金融机构，而是直接与资本所有者协商，采用一定的筹资方式取得资本。在我国，随着宏观金融机制体制改革的深入，直接筹资得以不断发展。

直接筹资主要有投入资本、发行股票、发行债券等方式。

（2）间接筹资。间接筹资是指企业借助银行等金融机构融通资本的融资活动。这是一种传统的筹资类型。在间接筹资活动过程中，银行等金融机构发挥着中介作用。它们先集聚资本，然后提供给筹资企业。间接筹资的基本方式是银行借款和融资租赁。

6.2 长期借款筹资及双因素分析模型

长期借款是指企事业单位向银行等金融机构及其他单位借入的期限在一年以上的各

种借款，主要用于固定资产投资和流动资产的占用。取得长期借款是各类企业筹集资金必不可少的方式。在进行长期借款之前，财务人员除了了解国家长期贷款利率、程序、借款合同等基本内容以外，还应对贷款中的各因素进行分析，确定合理的贷款方案，签订贷款合同。

6.2.1 长期借款分析模型

下面以例题的形式对长期借款分析模型进行说明。

【例6-1】某企业拟向银行申请长期借款，用于建造一新厂房，借款金额80000元，银行贷款利率为8%，借款年限为4年，有四种还款方式：

(1) 每年年末还20000元本金及当年所欠利息；

(2) 每年年末只付利息，本金到第4年年末一次还清；

(3) 未来4年每年年末等额偿还本金和利息；

(4) 在第4年末一次性全部还本付息。

分别计算每年利息、每年到期偿付、每年到期尚欠及4年总付款额。分析哪种还款方式最有利。

步骤：

1. 建立偿还借款基本模型工作表

根据基础数据，建立偿还借款基本模型，如图6-1所示。

	A	B	C	D	E	F	G	H	I	J
1										
2			偿还借款分析模型							
3	借款种类	工业贷款								
4	借款金额	80000								
5	借款年利率	8%								
6	借款年限	4								
7	年份	1		2		3		4		
8	还款方式	到期偿付	到期尚欠	到期偿付	到期尚欠	到期偿付	到期尚欠	到期偿付	到期尚欠	总付款额
9	第一种	26400	60000	24800	40000	23200	20000	21600	0	96000
10	第二种	6400	80000	6400	80000	6400	80000	86400	0	105600
11	第三种	24153.66	62246.34	24153.66	43072.38	24153.66	22364.50	24153.66	0	96614.66
12	第四种							108839.12	0	108839.12

图6-1 偿还借款分析模型

2. 定义各种因素间的关系

(1) 第一种方式。

第一年到期偿付：

B9 =$B$4/$B$6 + B4 * B5

第一年到期尚欠：

C9 =$B$4 -$B$4/$B$6 * B7

第二年到期偿付：

D9 =$B$4/$B$6 + C9 *$B$5，将其公式复制到第三年到期偿付F9和第四年到期偿付 H9 即可。

第二年到期尚欠：

E9 =$B$4 -$B$4/$B$6 * D7，将其公式复制到第三年到期尚欠 G9 和第四年到期偿付 I9 即可。

总付款额：

= B9 + D9 + F9 + H9

将其公式复制到第二种、第三种、第四种还款方式的总付款额单元格 J10:J12。

(2) 第二种方式。

前三年年末的到期偿付：

B10 = D10 = F10 =$B$4 *$B$5

第四年年末到期偿付：

H10 =$B$4 *$B$5 +$B$4

(3) 第三种方式。

第一、第二、第三、第四年年末偿付：

B11 = D11 = F11 = H11 = PMT($B$5,$B$6, -$B$4)

第一年到期尚欠：

C11 =$B$4 - PPMT($B$5,B7,$B$6, -$B$4)

第二年到期尚欠：

E11 = C11 - PPMT($B$5,D7,$B$6, -$B$4)，将其公式复制到第三、第四年到期尚欠单元格处。

(4) 第四种方式。

H12 = FV($B$5,$B$6,, - B4)

仅就总还款金额的总额来看，最少的是第一种还款方式。当然，究竟采用哪种还款方式，还要根据企业的资金具体运作情况制定。

6.2.2 长期借款双因素分析模型

在现实环境下，长期借款分析中的本金、利率、期数等各种因素是相互影响的。借款期限的长短可能影响借款利率，借款利率的变动又对长期借款分析产生较大的影响，因此财务人员有时希望通过两个因素的变化，观察在两个因素不同的组合下的结果。Excel 提供了模拟运算表工具，专门解决这类问题。

1. 模拟运算表

模拟运算表工具是一种只需一步操作就能计算出所有变化的模拟分析工具。在工作表中输入公式，就可以利用模拟运算表进行“假设”分析，来查看公式中某些数值的改变对公式结果的影响。模拟运算表是一个单元区域，这些单元格显示的内容为多个不同数值代入一个或多个公式后的结果，是一组存放一个或多个公式中替换不同数据结果的单元区域。

模拟运算表的功能是：

（1）提供一种计算捷径，在一次操作过程中，完成多组不同数值的计算。

（2）提供显示和比较方式，在工作表上一起显示与比较多组不同数值的操作结果。

模拟运算表的类型有：

（1）单变量模拟运算表。用一个一维表，给一个参数输入不同的数值，观察一维表的数值的变化。

（2）双变量模拟运算表。用一个二维表，给两个参数输入不同的数值，观察二维表中数值的变化。

2. 应用模拟运算表建立双因素长期借款分析模型

（1）建立基本数据区，如图 6－2 所示。

	A	B	C	D
1				
2		分期偿还借款分析模型		
3				
4		借款种类	工业贷款	
5		借款金额	80,000	
6		借款年利率	8%	
7		借款年限	2	
8		每年还款期数	2	
9		总付款期数	4	
10		每期偿还金额	22,039.20	

图 6－2　分期偿还借款基本数据

总付款期数 C9 = C8 * C7

每期偿还金额单元格 C10 = ABS(PMT(C6/C8,C9,C5))

（2）建立分期等额偿还贷款双因素分析表。

①建立分析表结构，如图 6－3 所示。

	A	B	C	D	E	F
13		分期偿还贷款双变量分析表				
14	借款年利率 \ 总付款期数					
15	22039.20	4	8	12	16	24
16	6.50%					
17	7.00%					
18	7.50%					
19	8.00%					
20	8.50%					
21	9.00%					
22	10.00%					
23	10.50%					

图 6－3　双变量分析表

其中 A15 单元格公式为“ = C10”，在 B15：F23，分别输入各种可能的总付款期数“4，8，12，16，24”，在 A16：A23 分别输入各种可能的借款年利率“6.5%，7%，7.5%，8%，8.5%，9%，10%，10.5%”。

②选中 A16：F23 区域，点击数据主菜单，选择“数据工具组”下的“模拟分析”下拉菜单的“模拟运算表”功能，如图 6 – 4 所示。

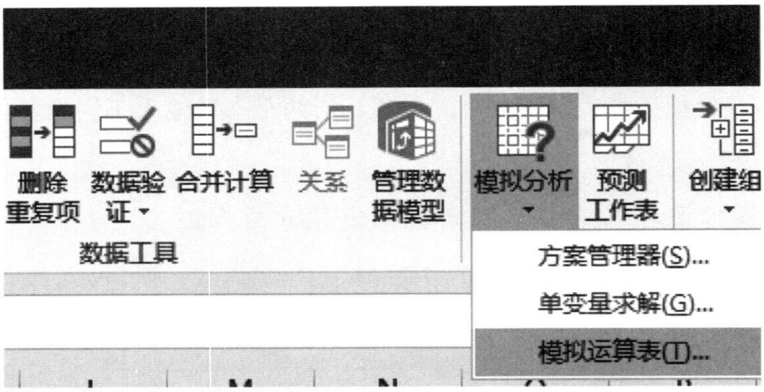

图 6 – 4　模拟运算表工具

③在弹出的模拟运算表对话框中，在“输入引用行的单元格”输入“ $C$9”，或用鼠标拾取“ $C$9”，在“输入引用列的单元格”输入“ $C$6”或用鼠标拾取“ $C$6”，如图 6 – 5 所示。单击“确定”按钮。

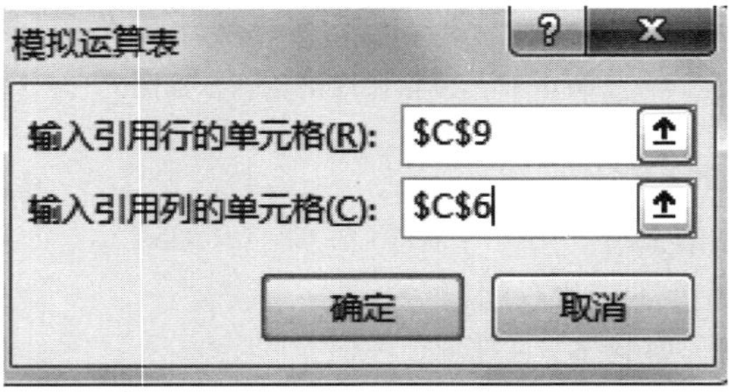

图 6 – 5　模拟运算表

④系统得到双变量分析结果，如图 6 – 6 所示。注意，其结果为一个数据表，不能对某一个单元格进行编辑，如果要清除该分析表，必须清除双变量分析表的全部值。

有了双变量分析表，财务人员就可以观察在两个因素不同组合下的长期借款分析的结果。当长期借款各因素的值发生变动时，财务人员只需改变第一变量和第二变量所在的行和列的值或者其他因素的值，系统就会重新计算双变量分析表中的所有值。

	A	B	C	D	E	F
13		分期偿还贷款双变量分析表				
14	借款年利率 \ 总付款期数					
15	22039.20	4	8	12	16	24
16	6.50%	21,650.98	11,517.01	8,157.38	6,491.21	4,851.91
17	7.00%	21,780.09	11,638.13	8,278.72	6,614.79	4,981.83
18	7.50%	21,909.50	11,759.87	8,400.98	6,739.59	5,113.51
19	8.00%	22,039.20	11,882.23	8,524.17	6,865.60	5,246.95
20	8.50%	22,169.20	12,005.19	8,648.28	6,992.82	5,382.10
21	9.00%	22,299.49	12,128.77	8,773.30	7,121.23	5,518.96
22	10.00%	22,560.95	12,377.75	9,026.03	7,381.59	5,797.67
23	10.50%	22,692.11	12,503.13	9,153.74	7,513.52	5,939.47

图 6－6　双变量分析表

6.3　租赁筹资模型设计

租赁是以支付（或收取）租金的形式取得（或出让）一项资产的使用权的经济业务。通过契约的形式议定出租人在一定时期内将资产的使用权转让给承租人的一种协议通常称为租约。

6.3.1　租赁的特点

租赁一般具有以下特点：

1. 租赁是将一项资产的所有权和使用权相分离的经济业务

租赁使企业不必以购买的方式获得该资产的所有权。在一定条件下，承租人最终可以获得该资产的所有权。在租赁的有效期内，租入资产的所有权仍属出租方所有，租入方只享有使用该资产的权利。

2. 以租赁实物资产的形式达到融资的目的

融资租赁业务是一种特殊的信用方式，它一方面通过租赁拥有一项资产的使用权，另一方面通过租赁得到一笔相当于该项资产购置成本的信贷资金，以达到融资的目的。

3. 租赁形式多样可根据需要选择

就租赁的长期资产而言，其一般是价值比较大、耐用期限比较长，或者技术更新比较快的资产。对企业而言，由于租赁的长期资产价值较大或技术更新较快，有时与其购置一项长期资产，不如采取租赁方式更为经济；或者有时仅仅由于季节性、临时性使用的资产，企业不打算永久拥有。因此，一般选择租赁方式取得资产使用权。

6.3.2 租赁分类

租赁的种类很多，目前我国主要有营业租赁和融资租赁两类。

1. 营业租赁

营业租赁又称经营租赁，它是典型的租赁形式，通常为短期租赁。这种租赁既筹集了资金，又降低了资产的维修成本。其特点是：（1）承租企业可随时向出租人提出租赁资产；（2）租赁期短，不涉及长期而固定的义务；（3）租赁合同比较灵活，在合理闲置条件范围内，可以解除租赁契约；（4）租赁期满，租赁的资产一般归还出租者；（5）出租人提供专门服务，如设备的保养、维修、保险等。

营业租赁的租金包括租赁资产购买成本、租赁期间利息。

2. 融资租赁

融资租赁又称财务租赁，通常是一种长期租赁，可解决企业对资产的长期需要，故有时也称为资本租赁。它与经营性租赁所不同的是：（1）一般由承租人向出租人提出正式申请，由出租人融通资金引进用户所需要的设备，然后再租给用户使用；（2）租期较长，一般在租赁资产寿命的一半以上；（3）租赁合同比较稳定，在融资租赁的租赁期内承租人必须连续支付租金，中途不能退租；（4）出租期满，可以选择多种办法处理租赁资产，如将设备作价转让给承租人、由出租人收回、延长租期等；（5）租赁期间，出租人一般不提供维修服务。

融资租赁的租金包括设备价款和租息，租息又可分为租赁公司的融资成本、租赁手续费等。

租赁筹资已经成为目前企事业单位的一种筹资方式，无论承租人还是出租人，借助计算机建立租赁筹资分析模型来进行租赁分析显得越来越重要。

6.3.3 筹资相关函数

1. INDEX 函数

格式：INDEX(array,row_num,column_num)。

功能：使用索引从单元格区域或数组中选取值。

参数：

array 为单元格区域或数组常量；

row_num 为数组或引用中要返回值的行序号，如果忽略，则必须有 column_num 参数；

column_num 为数组或引用中要返回值的列序号，如果忽略，则必须有 row_num 参数。

2. IF函数

格式：IF（logical_test，value_if_true，value_if_false）。

功能：用来判断某一条件（logical_test）是否成立，以继续进行其他的处理或显示某一特定条件下的结果。当条件表达式（logical_test）的值为真时，返回 value_if_true 值；当条件表达式（logical_test）的值为假时，返回 value_if_false 值。

6.3.4　建立租赁筹资一般模型

租赁分析与长期借款分析有相似之处。在租赁分析中，承租单位要按照合同规定向租赁公司支付租金，因此，财务管理人员也需要对不同的租赁途径、租金的数额、利率、租赁期限、支付方式、支付租金等因素进行分析，对多个可选方案进行比较后，选择一个当前本单位能力所及的方案，为本单位的租赁筹资决策提供重要依据。

【例6－2】现有某租赁公司的价格表供本公司租赁筹资选择。公司想通过分析每年付款次数、总付款次数及每期应付租金等因素确定其是否采用租赁筹资的方式。

1. 租赁分析

针对该案例，采用 Excel 中的窗体工具，建立下拉框控制项、滚动条控制项、微调控制项等手段，使建立的模型更具有通用性和操作方便、显示直观等优点。

2. 建立租赁筹资一般模型的步骤

(1) 建立模型表格结构。

因为该模型是根据租赁公司的价格表中提供的数据变化分析的，所以先将租赁公司价格表建立起来，制作在作为今后组合框的数据源和查询区域。如图6－7所示。同时在工作表的主区域，建立本公司租赁分析模型的各项目。为今后方便使用，可将生产厂家列（即 I5:I9）定义名称为"生产厂家"，设备名称所在列为"设备名称"，租金总额所在列为"租金总额"，支付方法所在列为"支付方法"。

	H	I	J	K	L
3		租赁公司价格表			
4		生产厂家	设备名称	租金总额	支付方法
5		德国	CA6140机床(德国)	2,250,000	先付
6		美国	CA6140机床(美国)	2,300,000	后付
7		日本	CA6140机床(日本)	2,100,000	先付
8		美国	MA6141机床(美国)	1,400,000	先付
9		日本	MA6141机床(日本)	1,500,000	后付
10					
11		注：租赁年利率为5%－25%			
12		租赁年限为1－5年			

图6－7　租赁公司价格表

（2）建立图形控制项按钮。

图 6－8 为已经建立好的租赁分析模型，其中包含若干图形控制项按钮及计算公式。

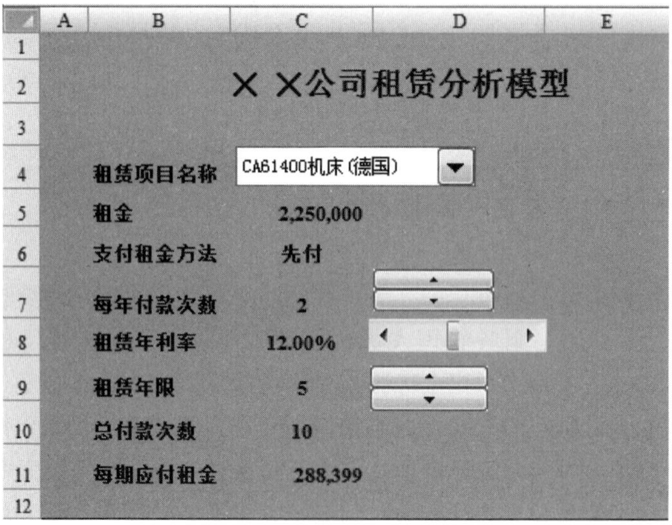

图 6－8　租赁分析模型

图 6－8 中的图形按钮都是通过 Excel 所提供的窗体工具实现的。

①建立租赁项目名称组合框。

第一步，点击“开发工具”主菜单，单击“插入”下拉菜单，选择“表单控件”的“组合框”命令，如图 6－9 所示。

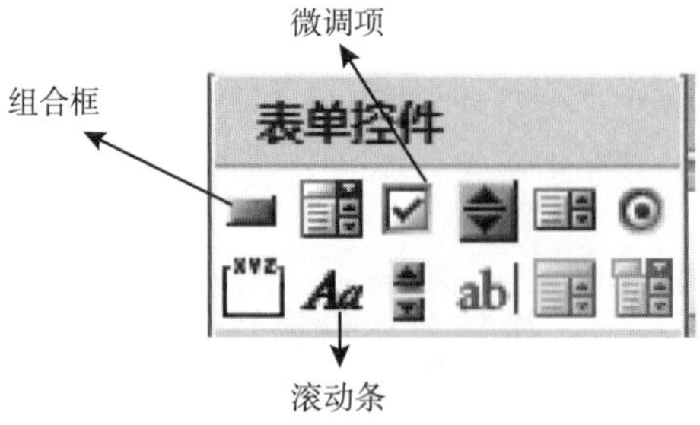

图 6－9　表单控件

第二步，在 C4:D4 区域中，当光标变为“＋”时，拉出一个矩形框。

第三步，当矩形框为激活状态时，点击鼠标右键，出现“设置控件格式”对话框，录入或用鼠标拾取；数据源区域：$J$5:$J$11，为下拉框中数据项的来源区域；单元格链接：$A$4，为显示被选中下拉框数据项的序号，以便其他单元使用；下拉显示项数：5，选中三位阴影复选框；最后按“确定”按钮，如图 6－10 所示。

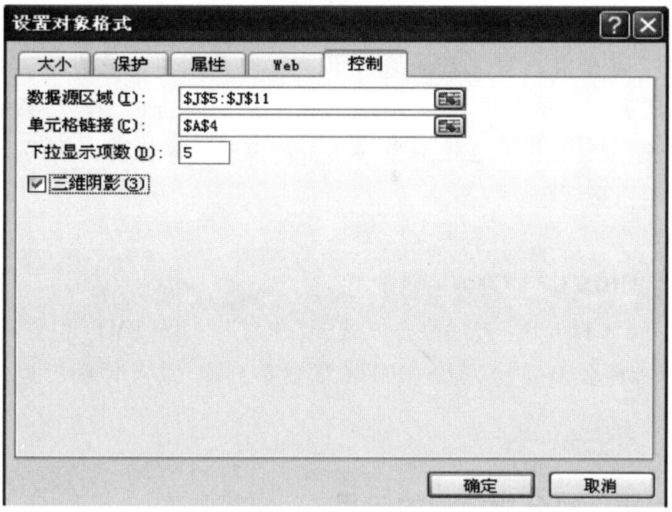

图 6-10 控件对象格式

②从租赁价格表中检索所选设备的租金及支付租金方法。当从下拉框中选择了某种设备，希望将所选设备的租金和支付租金方法自动检索出来，并且显示在分析模型中，需要借助 INDEX 函数来完成。

第一步，选择 C5 单元格；

第二步，输入公式 =INDEX(租金总额,A4)；

第三步，选择 C6 单元格；

第四步，输入公式 =INDEX(支付方法,A4)。

由于所选设备在租赁价格表中的内部编号在单元格链接 A4 单元格中，INDEX 根据 A4 单元格的数值在租赁价格表的租赁额单元区域中进行查找相应的租金，并将租金显示在 C5 单元格。同理，将 A4 单元格中数据所对应的行数的支付方法显示在 A5 单元格中。

③建立“每年付款次数”微调控制项。

第一步，在表单控件中选择“微调项”按钮；

第二步，在 D7 单元格中，当光标变为“+”时，拉出一个矩形框；

第三步，当矩形框上有 8 个小方框时，双击矩形框，分别录入：

当前值：5，为决定在由“最大值”和“最小值”定义的区域内微调的默认值，可以改变；最大值、最小值：1、10，定义由微调控制表示的值的区域，可以自行设置；步长：1，即用户单击选定微调的一端箭头时滚动的单位数；单元格链接：C7，将选定微调的值链接到工作表上的一个单元格，若值在某一位置发生变化，则该单元格中的值也将随之改变；选中“三维阴影”复选框。

④建立“租赁年利率”滚动条控制项。

第一步，在表单控件中选择“滚动条”按钮；

第二步，在 D8:E8 区域中，当光标变为“+”时，拉出一个矩形框；

第三步，当矩形框上有8个小方框时，双击矩形框，分别录入：当前值：10，决定由“最大值”和“最小值”定义的区域内滚动栏的默认值；最大值、最小值：5、20，定义由滚动条控制表示的值的区域；步长：1，当用户单击选定滚动条一端箭头时滚动的单位数；页步长：2，当用户在滚动条内单击时滚动的单位数。

⑤建立租赁年限微调项。

⑥编辑公式：

总付款次数：C10 = C7 * C9。

每期应付租金：C11 = IF(支付租金方法 = "先付",ABS(PMT(租赁年利率/每年付款次数,总付款次数,租金,0,1)),ABS(PMT(租赁年利率/每年付款次数,总付款次数,租金)))。

6.3.5 租赁一般分析模型的应用

1. 下拉框控制项

在租赁项目名称处，建立“下拉框控制项”按钮，财务管理人员可以方便地用鼠标点击“下拉框”向下的前头，租赁设备将被全部显示在下拉列表框中，以供用户选择，用户只需在所要的租赁设备上点击一下即可。

2. 微调控制项

在租赁年限处，建立“微调控制项”按钮，确定了该项的最大值和最小值，财务管理人员可以利用鼠标单击微量调节箭头，向上的箭头为增量，向下的箭头为减量，同时还可以用文本修改的方法直接修改文本。在合理的年限范围中选择所需要的租赁年限。

3. 滚动条控制项

在租赁利率处，建立一个“滚动条控制项”按钮，确定了租赁利率的最大值和最小值，财务管理人员用鼠标单击滚动条控制项按钮的两端箭头或滚动条，在合理范围中选择利率。

如图6-8所示，通过选择租赁项目名称、每年付款次数、租赁年利率和租赁年限，该模型可自动计算总付款次数和每期应付租金，给财务管理人员的租赁筹资管理带来方便。

6.4 租赁筹资与借款筹资方案比较分析模型设计

长期借款和租赁是两种不同的筹资方式。在企业的运作中，选择哪种筹资方式是财务管理人员必须考虑的问题。借款可以购买资产，租赁也可以获得资产，到底是采用租赁方式还是采用借款方式？为了解决这个问题，可以通过 Excel 建立租赁筹资和借款筹资成本比较模型进行分析，以便财务管理人员做出正确的决策。

下面将以例题的形式对租赁筹资和借款筹资成本比较分析进行说明。

【例 6－3】 ××公司准备筹资购买一台设备——CA6140 机床，共需要花费 2250000 元人民币。预计设备使用寿命为 5 年。设备按平均年限法提取折旧，5 年后有 100000 元的残值，所得税率为 25%。现在××公司有两种筹资方式可供选择：

（1）举债筹资。

××公司向银行借款 2250000 元购置设备，年利率为 10%，在 5 年内分期等额偿还，并假定在每年年末偿还。

（2）租赁筹资。

××公司向租赁公司租用该设备。租赁公司给出不同厂家生产的该型号机床，并要求在 5 年内摊销，租赁年利率为 12%，按租赁契约规定由出租人维修设备，而××公司不支付附加的费用。

请通过分析确定××公司应选择哪种筹资方式。

1. 净现值分析

如何选择可以利用净现值法分析。作为同样的一台设备，其功能和发挥的效用是相同的，不同的是因为筹资渠道的不同，可以抵税的筹资费用项目有所区别：租赁资产时，其支付的租金可以抵税，并且是经营租赁，所以××公司不需要计提折旧，没有折旧费用。

在进行 NPV 方法分析时，由于租赁和借款购买在两种情况下现金流量都是相对稳定的，它们就应该用相对较小的比率进行折现，即用公司的负债成本率作为折现率，即税后折现率为：K(1－T)，其中 K 表示租赁的资产收益率或借款年利率。T 为所得税税率。

2. 设计租赁筹资摊销分析表

在租赁工作表中建立租赁筹资摊销分析表，如图 6－11 所示。

租赁筹资摊销表中的有关计算公式：

（1）租金支付的计算。

B17＝IF(支付租金方法＝"先付",IF(租赁年限＞A17,$C$11,0),IF(AND(A17＞＝1,租赁年限＞＝A17),$C$11,0))，将其复制到 B18:B22。

（2）税款节约额的计算。由于增加租金而抵税的税款节约额＝租金支付×所得税税率。

C17＝所得税税率＊B17，将其复制到 C18:C22。

（3）租赁净现金流量计算，租赁净现金流量＝租金支付－税款节约额。

D17＝B17－C17，将其复制到 D18:D22。

××公司租赁分析模型	
租赁项目名称	CA61400机床（德国）
租金	2,250,000
支付租金方法	先付
每年付款次数	1
租赁年利率	12.00%
租赁年限	5
总付款次数	5
所得税税率	25%
每期应付租金	557,296

中财公司租赁摊销分析表

年	租金支付	税款节约额	租赁净现金流量	现值
0	557,296	139,324	417,972	417,972
1	557,296	139,324	417,972	383,461
2	557,296	139,324	417,972	351,799
3	557,296	139,324	417,972	322,751
4	557,296	139,324	417,972	296,102
5	-	-	-	-
合计	2,786,482	696,620	2,089,861	1,772,085

图 6－11　租赁分析

（4）净现值计算。

E17＝D17/(1＋租赁年利率＊(1－所得税税率))^A17，将其复制到 E18:E22。

（5）租赁成本总现值的计算。

E23＝SUM(E17:E22)

3. 设计贷款筹资分期偿还分析表

建立贷款筹资分期偿还分析表，如图 6－12 所示。

分期偿还借款分析模型	
借款种类	CA6140
借款金额	2,250,000
借款年利率	10%
借款年限	5
每年还款期数	1
总付款期数	5
每期偿还金额	593,544

分期偿还借款分析表

年	还款额	偿还本金	偿还利息	折旧	税款节约额	净现金流量	现值
1	593,544	368,544	225,000	450,000	168,750	424,794	395,158
2	593,544	405,399	188,146	450,000	159,536	434,008	375,561
3	593,544	445,939	147,606	450,000	149,401	444,143	357,518
4	593,544	490,533	103,012	450,000	138,253	455,291	340,922
5	593,544	539,586	53,959	450,000	125,990	467,555	325,679
合计	2,967,722	2,250,000	717,722	2,250,000	741,930	2,225,791	1,794,838

图 6－12　分期偿还借款分析

（1）还款额的计算公式。

B14 = ABS(PMT(借款年利率/每年还款期数,总付款期数,借款金额)),将其复制到 B15:B18。

（2）偿还本金的计算公式。

C14 = ABS(PPMT(借款年利率/每年还款期数,A14,总付款期数,借款金额)),将其复制到 C15:C18。

（3）偿还利息的计算公式。

D14 = ABS(IPMT(借款年利率/每年还款期数,A14,总付款期数,借款金额)),将其复制到 D15:D18。

（4）折旧的计算公式。

E14 = SLN(借款金额,0,5),将其复制到 E15:E18。

（5）税款节约额的计算公式。

税款节约额 =(偿还利息 + 折旧) * 所得税率

F14 =(D14 + E14) * 所得税税率

（6）净现金流量计算公式。

G14 = B14 - F14

（7）现值的计算。

H14 = H14/(1 + 借款年利率 *(1 - 所得税税率))^A14

（8）借款成本总现值的计算。

H19 = SUM(H14:H18)

4. 应用模型对租赁筹资与借款筹资方案比较分析

租赁筹资与借款筹资方案比较模型建立之后，就可以对两种筹资方式的多对方案进行分析比较了。

（1）将两种方案分别放置在两个窗口中。

①点击“视图”主菜单的“新建窗口”命令，增开一个窗口。

②点击“视图”主菜单的“全部重排”命令，在弹出的“重排窗口”中选择“垂直并排”，将两个窗口垂直并排显示在屏幕上，如图 6 - 13 所示。

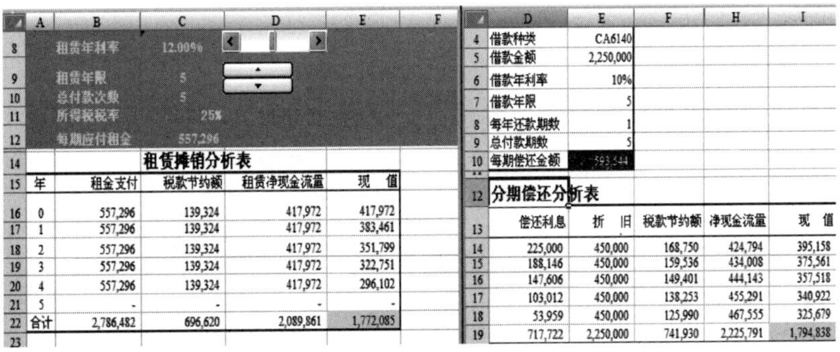

图 6 - 13　分析对比窗口

（2）分析对比。

对图 6－13 的结果进行对比分析，选择成本总现值较小的方案。

有了租赁分析模型和借款分析模型，财务人员可以方便地对多种方案进行比较，最后选择成本现值较小的方案。

6.5 资金成本

6.5.1 资金成本的概念

企业无论从哪种渠道筹集资金都要付出一定的代价。资金成本就是企业取得资金而支付的各种费用。它包括资金占用费和筹资费用两部分。资金占用费用主要包括：时间价值和投资者考虑的风险报酬，如股息、利息等。投资风险越大，占用费用就越高。筹资费用是指在资金筹集过程中发生的各种费用，如委托金融机构代理发行股票、债券的注册费和代办费，向银行借款支付的手续费等。

在不同条件下，企业以不同方式筹集的资金所付代价一般不会相等，所以企业的总资金成本是各项个别资金成本的总和。

资金成本是企业投资收益的最低极限，企业任何一项投资的收益率都必须大于其资金成本，才能补偿企业使用资金支付的成本。因此，资金成本成为衡量企业经营成果的最低标准。

6.5.2 资金成本的计算

资金成本的计算公式为：

$$资金成本 = 资金占用费用/(筹资总额 - 筹资费用) \times 100\%$$

筹资种类不同，资金的占用费用和筹资费用的表达式也有所区别。因此，不同的筹资种类，资金成本的具体计算公式也有所区别。

1. 银行借款成本

银行借款成本是指借款利息和筹资费用。借款利息计入税前成本，可以起到抵税作用。因此，一次还本、分期付息借款的成本为：

$$银行借款成本 = \frac{银行借款利息 \times (1 - 所得税率)}{银行借款本金 \times (1 - 银行借款筹资费用率)}$$

2. 长期债券成本

发行债券成本主要是指债券利息和债券筹资费用。债券利息的处理与长期借款利息的处理相同，应以税后的债券成本为计算依据。一次还本、分期付息的方式，债券资金成本的计算公式为：

$$债券成本=\frac{债券发行总额\times年利率\times(1-所得税率)}{债券发行总额\times(1-筹资费用率)}$$

3. 优先股成本

优先股享有优先支付股利的权利。当企业资不抵债时，优先股股票持有人可先于普通股享有索赔权。优先股成本计算公式为：

$$优先股成本=\frac{年股利额}{股金金额\times(1-筹资费用率)}$$

4. 留存收益成本

留存收益是企业缴纳所得税后形成的，其所有权属于股东，股东将这一部分未分配的税后利润留存于企业，实质上是对企业追加投资。留存收益成本的计算比较复杂，有多种计算方法。留存收益的福利增长模型的计算公式为：

$$留存收益成本=\frac{预期年股利额}{普通股市价}+普通股股利增长率$$

5. 普通股成本

普通股股票为企业基本资金，普通股的价格由企业获利能力决定，预期获利能力大，价格就高；反之，价格就低。所以，普通股成本为：

$$普通股成本=\frac{预期年股利额}{普通股市价\times(1-筹资费用率)}+普通股股利增长率$$

6. 加权平均资金成本

由于受多种因素的制约，企业不可能只使用某种单一的筹资方式，往往需要通过多种方式筹集所需资金。为进行筹资决策，就要计算确定企业全部资金的总成本，即加权平均资金成本。加权平均资金成本一般是以各种来源资金占全部资金的比重为权数，对个别资金成本进行加权平均确定。其计算公式为：

$$加权平均资金成本=\frac{\sum 各种渠道的筹资额\times各渠道资金成本}{各种渠道筹资金额之和}$$

【例6-4】 某企业有4种长期资金来源：长期债券、优先股、普通股、留存收益。长期债券的票面年利率为8%，筹资费用率为0.5%，优先股年股利率为10%，筹资费率为1%，普通股年股利率为12%，筹资费率为1%，留存收益的成本率按资金的市场利率10%计算。根据该企业的“资产负债表”计算资金成本。企业的资产负债表简表如图6-14所示。

(1) 录入基础数据，如图6-14所示。

	A	B	C	D
1	资产负债表（简化）			
2	资产		负债及所有者权益	
3	流动资产	1200	长期债券	800
4	固定资产	2000	优先股	400
5			普通股	1200
6			留存收益	300
7			长期资金来源	2700
8			短期借款	500
9	总计	3200	总计	3200
10	所得税税率	25%		

图 6－14　基础数据

（2）个别资金成本计算，如图 6－15 所示。

计算公式：

B17＝B15＊(1－B11)/(1－B16)

D17＝D15/(1－D16)

B21＝B19/(1－B20)

加权平均资金成本：

B22＝B17＊D3/D9＋D17＊D4/D9＋B21＊D5/D9＋D19＊D6/D9

	A	B	C	D
13	资金成本计算			
14	长期债券		优先股	
15	票面利率	8%	年股利率	10%
16	筹资费用率	0.50%	筹资费用率	1%
17	资金成本	6.03%	资金成本	10.10%
18	普通股		留存收益	
19	年股利率	12%	资金成本	10%
20	筹资费用率	1%		
21	资金成本	12.12%		
22	加权平均资金成本	8.25%		

图 6－15　资金成本计算

6.6　最优资金结构

最优资金结构是指从不同来源筹资长期资金的最佳比例关系，公司的最佳资本结构应当是可以最低资金成本、最小风险程度和最小的对现有普通股股东管理权的影响，取得最大的投资收益。

影响选择资金结构的因素很多，如资产结构、预计收益水平、举债能力、风险、企业的控制权及其他因素。企业决策领导层在考虑了这些因素后，还应保证种种可能的资金结构的风险组合产生的筹资成本和风险都在理想的范围内。选择资金结构的方法也有多种，如比较加权平均资金成本、现金流量分析、无差别点分析等。下面介绍比较加权平均资金成本法，建立相应模型。

【例 6－5】 某企业计划年初资金结构如表 6－1 所示。

表 6－1　　资本结构表

资金来源	金额（万元）	比重（%）
长期债券（年利率 10%）	100	12.5
优先股（年股利率 8%）	200	25
普通股（50000 股）	500	62.5
合计	800	100

其他资料如下：

普通股市价每股 100 元，今年预期股利为 12 元，预计以后每年股息增加 3%，该企业所得税率为 25%，各种筹资方案的筹资费用率为 0.5%。

该企业准备增加资金 200 万元，有两种方案可供选择。

甲方案：发行债券 200 万元，年利率为 12%，普通股股利增加到 15 元，以后每年还可增加 3%。由于企业风险增加，普通股市价将跌到 96 元。

乙方案：发行债券 100 万元，年利率为 11%，另发行普通股 100 万元，普通股市价、股利不变。

根据以上资料，可分别计算甲、乙方案的加权平均资金成本，比较两种方案的加权平均资金成本，选择资金成本较小的方案。

1. 首先建立基本数据区域，如图 6－16 所示。

图 6－16　基础数据

2. 计算甲方案的加权平均资金成本，如图 6 – 17 所示。

	A	B	C	D	E	F	G	H	I	J	K
8	甲方案加权平均资金成本计算						乙方案加权平均资金成本计算				
9	资金来源	利率或股	金额	比重	资金成本		资金来源	利率或股份	金额	比重	资金成本
10	长期债券1	10%	100	10.20%	7.54%		长期债券1	10%	100	10.00%	7.54%
11	长期债券2	12%	200	20.41%	9.05%		长期债券2	11%	100	10.00%	8.25%
12	优先股	8%	200	20.41%	8.04%		优先股	8%	200	20.00%	8.04%
13	普通股	5	480	48.98%	18.55%		普通股	6	600	60.00%	14.94%
14	合计		980	100.00%	13.34%		合计		1000	100.00%	12.15%
15											
16	结论：	选择乙方案									

图 6 – 17　加权平均资本成本比较

其中甲方案各单元格公式为：

C13 = B6 * B13

D10 = C10/$C$14，将其公式复制到 D11：D14。

E10 = B10 * (1 –$B$3)/(1 –$B$7)

E11 = B11 * (1 –$B$3)/(1 –$B$7)

E12 = B12/(1 – B7)

E13 = B12/(1 – B7) = B4/B6 * (1 – B7) + B5

E14 = E10 * D10 + E11 * D11 + E12 * D12 + E13 * D13

乙方案计算公式：

I13 = H13 * H6

J10 = I10/$I$14，将其公式复制到 J1：J14。

K10 = H10 * (1 –$H$3)/(1 – H7)

K11 = H11 * (1 –$H$3)/(1 – H8)

K12 = H12/(1 – H7)

K13 = H4/H6 * (1 – H7) + H5

K14 = K10 * J10 + K11 * J11 + K12 * J12 + K13 * J13

结论单元格公式：

= IF(E14 < = K14,"选择甲方案","选择乙方案")

计算加权平均资本成本的基本数据为所得税税率、普通股股利增加数及增长率、普通股市价、各筹资费率、各种渠道的资金来源的金额及年利率。如果这些基本数据改变了，只需在模型中改变相应单元格中的数据，则该模型将自动计算加权平均资金成本。

本章实验与实训

【**实验名称**】Excel 筹资分析模型

【**实验目的**】学会使用 Excel 中双变量模拟运算表及图形控制按钮工具，建立借款分析模型、租赁分析模型、租赁筹资与借款方案比较分析模型、计算加权平均资金成本和选择最优资金结构模型。

【实验资料】

1. 某企业借款 25 万元，期限 4 年。每年还款次数有 2 次、4 次、12 次、24 次，银行的借款利率分别是 5%、7.5%、8%、9%，请采用 PMT 函数和模拟运算表来分析企业采用什么方式还款最划算？

2. 资料：××公司现有资本的构成如表 6-2 所示。

表 6-2　××公司资本结构

资本种类	金额（万元）	资金成本（%）
长期借款	100	4
长期债券	300	5
优先股	150	12
普通股	250	10
合计	800	

公司为了向新业务领域拓展，准备再筹资 100 万元资本，有两种备选的筹资方案如表 6-3 所示。

表 6-3　××公司备选筹资方案

筹资方式	方案 A		方案 B	
	金额（万元）	资金成本（%）	金额（万元）	资金成本（%）
长期借款	30	4		
长期债券			40	7
优先股	40	10		
普通股	30	13	60	3
合计	100		100	

要求：请根据上述资料，利用 Excel 采用资金成本法分析确定哪个方案最优。

【实验要求】

在一个工作簿中的三个工作表中分别根据资料 1、2、3 建立资金时间价值分析模型、双变量分析模型、资金成本和最优资本结构模型。

第 7 章　Excel 营运资金管理

营运资本管理主要解决两个问题：一是如何确定流动资产的最佳持有量；二是如何筹措短期资金。具体而言，这两个问题分别又可设计为每一种短期资产以及每种短期负债的管理方式与管理策略的制定。通过对营运资本资产的分析，我们可以了解公司流动性、短期资产变现能力和短期偿债能力。

7.1　营运资金概述

7.1.1　营运资金的含义

营运资金又称营运资本，是指流动资产减去流动负债后的余额。营运资金的管理包括流动资产的管理和流动负债的管理两个部分，这也是企业日常财务管理的重要内容。企业的流动资产是指可以在一年或者超过一年的一个营业周期内变现或运用的资产，主要包括现金、有价证券、应收款项和存货等。流动负债是指在一年或者超过一年的一个营业周期内必须清偿的债务，包括短期借款、应付账款、应付票据、预收账款、应缴税费和应付职工薪酬等。

营运资金因其较强的流动性而成为企业日常生产经营活动的基础，由于现实工作中企业的现金流入量与现金流出量是不同步和不确定的，所以企业必须持有一定数量的营运资金。但是企业应合理控制营运资金的持有数量，既要防止营运资金不足，也要避免营运资金过多。因为营运资金越大，风险越小，但收益率也越低；反之，营运资金越小，风险越大，但收益率也越高。因此，企业必须在风险和收益之间进行权衡，从而将营运资金的数量控制在一定范围之内。良好的营运资金管理要求企业从盈利性和风险性两个角度出发做出两类基本性的决策：流动资产的最佳投资水平和为维持这一最佳水平而进行的短期融资和长期融资的适当组合。

7.1.2　营运资金的特点

1. 营运资金周转的周期性

一般而言，企业占用在流动资产上的资金，周转一次所需要的时间都比较短，通常会在一年或者长于一年的一个营业周期内收回。根据这一特点，企业的营运资金可以通过商业信用、银行短期借款等短期筹资方式取得。

2. 营运资金数量的波动性

随着企业经营环境的变化，对营运资金的需求也会不断发生变化，特别是对于季节性生产经营的企业，流动资金需求量的波动性会更加明显。因此，随着企业内外部条件的变化，企业内部流动资产的数量和流动负债的数量也会发生相应的变化。

3. 营运资金实物形态的变动性

营运资金实物形态是经常变化的。对于一个工业企业而言，营运资金的循环要经过采购、生产、销售等过程，经过每次循环，营运资金的实物形态会在现金、材料、在产品、产成品、应收账款和现金之间依次转化。为此，在进行营运资金管理时，必须在各项流动资产之间合理地配置资金数额，以促进资金周转的顺利进行。

4. 营运资金来源灵活多样

企业筹集长期资金的方式比较少，而企业筹集营运资金的方式却较为灵活多样，通常有银行短期借款、短期融资债券、商业信用、应付职工薪酬、应缴税费、应付利润、预收款项和票据贴现等方式。

7.2 Excel 最佳现金持有量分析

7.2.1 现金的持有动机和成本

现金是指在生产过程中暂时停留在货币形态的资金，包括库存现金、银行存款、银行本票和银行汇票等。

现金是企业流动性最强的资产，具有普遍的可接受性。企业在生产经营活动过程中必须持有一定数量的现金，这对保证企业的支付能力、降低企业财务风险都有着非常重要的意义。现金资产的特点就是流动性好，但盈利能力较差。如果企业的现金储备量过大，虽然可以保证企业的支付能力，但是由于库存现金不能给企业带来收益，而银行存款的利息率也远远低于企业的资金利润率，从而会影响到企业的获利能力。从另一方面来看，如果企业的现金储备量太小，又可能造成现金短缺，从而影响到企业的生产经营活动。因此，企业必须合理确定现金持有量，在保证企业经营活动所需现金的同时，尽量减少企业闲置的现金数量，提高资金收益率。

1. 现金的持有动机

企业持有一定数量的现金主要是基于以下动机：

（1）交易动机。

交易动机即为维持正常生产经营活动而持有现金。企业为了满足日常业务需要而持有的现金的用途包括购买原材料、支付工资、缴纳税款、偿还到期债务等。企业在日常经营活动中经常得到收入，也经常发生支出，两者不可能同步同量。收入多于支出，形成现金置存；收入少于支出，需要借入现金。企业必须维持适当的现金余额才能使业务活动正常地进行下去。

（2）预防动机。

预防动机即为应付紧急情况而持有现金。企业有时会出现料想不到的开支，如发生自然灾害、生产事故、意外发生的财务困难等，现金流量的不确定性越大，预防性现金的数额也就越大。反之，企业现金流量的可预测性强，预防性现金数额则可小些。此外，预防性现金数额还与企业的借款能力有关。如果企业能很容易地随时借到短期资金，也可以减少预防性现金的数额；否则，则应扩大预防性现金余额。

（3）投机动机。

投机动机即为把握市场投资机会，获得较大收益而持有现金。这种获利机会具有时间短、收益高的特点。比如遇有廉价原材料、其他资产供应等不寻常的购买机会，便可用手头现金大量购入；再比如在适当时机购入价格有利的股票和其他有价证券等。

2. 现金的成本

企业持有现金的成本通常由以下三个部分组成：

（1）持有成本。

现金的持有成本即持有现金的机会成本，是指企业因持有现金而丧失的再投资收益，一般是指将现金投资于有价证券所能获得的收益，或者是企业向外筹集资金的资金成本，是企业要求的最低报酬率。现金作为企业的一项资金占用，是有代价的，这种代价就是它的机会成本，或者称为资金成本。假定某企业的资金成本为 10%，年均持有 100 万元的现金，则该企业每年现金的机会成本为 10 万元。现金持有额越大，机会成本越高。机会成本属于变动成本，与现金持有量成正比例关系。企业为了经营业务的需要，拥有一定的现金是必要的，但现金拥有量过高，机会成本代价就会大幅度上升，从而降低企业的收益。

（2）转换成本。

现金的转换成本即现金的交易成本，是指企业用现金购入有价证券以及转让有价证券换取现金时付出的交易费用，即现金同有价证券之间相互转换的成本，如委托买卖佣金、委托手续费、证券过户费、实物交割手续费等。

转换成本中有的具有变动成本性质，如委托买卖佣金或手续费通常是按照委托成交金额计算的。在证券总额既定的条件下，无论变现次数怎样变动，所需支付的委托成交金额总是相同的。因此，那些依据委托成交额计算的转换成本与证券变现次数关系不大，属于决策无关成本。而与证券变现次数密切相关的转换成本只包括其中的固定性交易费用。固定性转换成本与现金持有量成反比例关系。

（3）短缺成本。

现金的短缺成本是指在现金持有量不足而无法及时通过有价证券变现加以补充而给企业造成的损失，包括直接损失和间接损失。

7.2.2　Excel 最佳现金持有量分析

1. 存货模式

存货模式又称鲍莫尔模式，它是由美国经济学家威廉·J. 鲍莫尔（William J. Baumol）首先提出的。他认为公司现金持有量在许多方面与存货相似，存货经济批量模型可用于确定目标现金持有量，并以此为出发点，建立了存货模式。

存货模式的着眼点是现金有关成本最低，在存货模型中只考虑现金的机会成本和转换成本，机会成本和转换成本随着现金持有量的变动而呈现出相反的变动趋向。如果现金的持有量大，则现金的机会成本高，转换成本低；反之，现金持有量小，则现金的机会成本低，转换成本高。这就要求企业必须对现金与有价证券的分割比例进行合理安排，从而使机会成本与转换成本保持最佳组合。能够使现金管理的机会成本与固定性转换成本之和保持最低的现金持有量，即为最佳现金持有量。

运用存货模式确定最佳现金持有量时，是以下列假设为前提的：

（1）企业所需要的现金可通过证券变现取得，且证券变现的不确定性很小；

（2）企业预算期内现金需要总量可以预测；

（3）现金的支出过程比较稳定、波动较小，而且每当现金余额降至零时，均通过部分证券变现得以补足；

（4）证券的利率或报酬率以及每次固定性交易费用可以获悉。

$$\begin{aligned}\text{现金管理总成本} &= \text{持有机会成本} + \text{转换成本}\\ &= \text{现金平均余额} \times \text{有价证券利率} + \text{变现次数}\\ &\quad \times \text{有价证券每次交易的固定成本}\\ &= C/2 \times r + T/C \times b\end{aligned}$$

式中，C 为最佳现金持有量；

r 为有价证券利息率；

T 为特定时期内的现金总需求量；

b 为每次转换有价证券的固定成本。

2. Excel 最佳现金持有量模型

在 Excel 环境下实现最佳现金持有量管理，主要分析持有成本和转换成本以及总成本之间的公式关系，确定了公式关系后，可直接利用规划求解工具进行最优化的求解。

【例 7－1】 某企业全年现金总需要量为 500000 元。每次交易成本为 200 元，有价证券利率为 12%，分析该企业的最佳现金持有量为多少？

Excel 最佳现金持有量模型实现过程：

（1）基本数据区。将本例基本数据录入到 Excel 页面中，如图 7－1 所示。

	A	B
1	最佳现金持有量模型	
2		
3	基本数据	
4	现金总需要量T	500,000
5	每次交易成本b	200
6	有价证券利率r	12%
7		

图 7－1　最佳现金持有量模型

（2）最佳现金持有量模型分析区域，如图 7－2 所示。

8		
9	分析区域	
10	最佳现金持有量	100
11	持有成本	6
12	交易成本	1000000
13	总成本	1000006

图 7－2　最佳现金持有量模型分析区域

首先假设现金持有量为 100，则编辑持有成本的公式为：＝B10/2＊B6，交易成本的公式为：＝B4/B10＊B5，总成本公式为：＝SUM(B11:B12)。可以看出，持有成本和现金持有量呈正向关系，而交易成本和现金持有量成反向关系。最佳现金持有量问题即转化为如何确定现金持有量使得总成本最小。

其次，利用规划求解工具，进行规划求解。规划求解参数如图 7－3 所示。

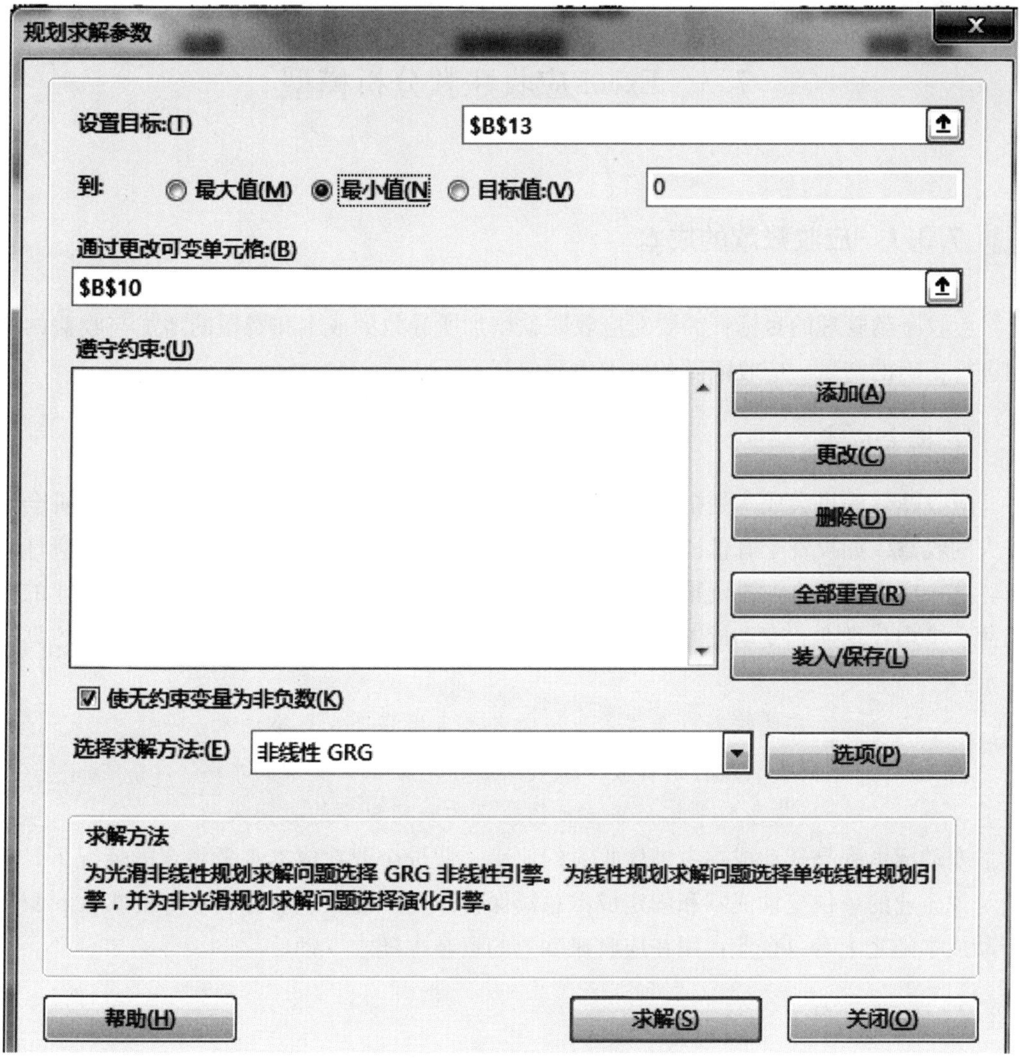

图 7－3　规划求解参数设置

最后，规划求解得到一个最优解，如图 7－4 所示。

9	分析区域	
10	最佳现金持有量	40824.83
11	持有成本	2449.49
12	交易成本	2449.49
13	总成本	4898.98

图 7－4　规划求解结果

7.3 Excel应收账款分析模型

7.3.1 应收账款的成本

应收账款管理的目标：需要对应收账款增加所导致的成本和费用的增加与收益的增加进行正确的衡量。应收账款的成本主要包括：

1. 机会成本

应收账款的机会成本是指企业的资金投放在应收账款上而必然放弃其他投资机会而丧失的收益，如投资于有价证券便会有投资收益，其实质是应收账款占用资金的应计利息。这一成本可用企业投资报酬率或有价证券收益率来计算，它的大小通常与企业的赊销额、平均收现期、变动成本率、资金成本率等因素相关。其计算可以用下面的算式表示：

应收账款机会成本 = 应收账款占用资金 × 资金成本

应收账款占用资金 = 应收账款平均余额 × 变动成本率

应收账款平均余额 = 日销售平均余额 × 平均收账天数

变动成本率是变动成本占销售收入的比率，假设企业在成本水平稳定的情况下，也就是说企业的单位变动成本和固定成本总额保持不变，那么随着赊销业务的扩大，只要变动成本随之上升，企业占用在应收账款上的资金也随之变动。

2. 管理成本

应收账款的管理成本是指企业因管理应收账款而发生的各种费用，主要包括对客户的资信调查费用、应收账款账簿记录费用、收账费用以及其他费用，其中主要的是收账费用。

3. 坏账损失

应收账款基于商业信用而产生，存在无法收回的可能性。坏账损失是指企业的应收账款因故不能收回而发生的损失。这一成本一般同企业的应收账款的数量成正比，即应收账款越多，坏账成本也越多。

7.3.2 应收账款赊销策略的增量分析法

赊销策略中每一种因素发生变化都会影响企业的利益。讨论不同赊销策略方案可能产生的财务效果，应首先测定每种因素变化与经济效益变化之间的关系。在指定赊销策略时，将各种相关因素予以一定程度的放宽或收紧，然后考虑企业销售收入和成本的相应变化，这种方法称为增量分析。增量分析的结果为正数，则方案可行；反之方案不可行。

增量分析的基本公式如下：

（1）信用标准变化对利润的影响。

P = 新方案销售额增减量 × 销售利润率

（2）信用期间变化对应收账款机会成本的影响。

I =（平均收账期增量/360 × 原方案销售额 + 新方案平均收账期/360 × 新方案销售增减量）× 应收账款资金成本 × 变动成本率

（3）信用标准变化对坏账成本的影响。

K = 销售额增量 × 增加销售额的坏账损失率

（4）现金折扣成本。

D = 新方案销售额 × 享受现金折扣百分比 × 现金折扣率

7.3.3 Excel 应收账款赊销策略分析模型

下面将以例题的形式对 Excel 应收账款赊销策略分析模型进行说明。

【例 7－2】 ××公司现在的经营情况和信用情况如表 7－1 所示。

表 7－1　　公司经营与信用情况表

项目	数据
销售收入 S_0（元）	120000
现行信用政策下的应收账款（元）	12000
销售利润率（%）	20
平均坏账损失率（%）	8
信用条件	30 天付清
平均收账期（天）	45
机会成本（%）	12
变动成本率（%）	60

现该公司准备对信用标准进行修订，提出 A、B 两个方案。预计两个方案下销售收入和应收账款可能发生的变化如表 7－2 所示。

下面，在 Excel 环境下实现应收账款赊销策略分析模型。

（1）建立基本数据区，如图 7－5 所示。

表 7 – 2　　　　赊销策略表

项目	A 方案	B 方案
信用条件	45 天付清	2/10，n/30
销售收入（元）	增加销售额 30000	增加销售额 50000
平均收账期（天）	60	22
坏账损失率（%）	11	9
享受现金折扣比率（%）	0	40

应收账款赊销策略分析模型

基本数据区

原方案销售额	120,000
销售利润率	20%
应收账款的机会成本	12%
变动成本率	60%

项目	原方案	方案A	方案B
销售额增减量	0	30,000	50,000
平均收帐期	45	60	22
增减销售额的平均坏帐损失率	8%	11%	9%
取得现金折扣的销售额占总销售额的百分比	0%	0%	40%
现金折扣	0%	0%	2%

图 7 – 5　应收账款赊销分析模型

（2）建立应收账款策略分析区，如图 7 – 6 所示。

分析区

项目	方案A	方案B
信用标准变化对利润的影响	6,000	10,000
信用期间变化对应收账款机会成本的影响	720	-332
平均坏帐损失率变化对坏帐成本的影响	3,300	4,500
现金折扣成本的变化情况	0	1,360
信用政策变化带来的净收益	1,980	4,472

图 7 – 6　应收账款赊销分析表

其中 A 方案各项公式为：

信用标准变化对利润的影响：C17 = C8 * $B $4

信用期间变化对应收账款机会成本的影响：

C18 = ((C9 – $B $9)/360 * $B $3 + C9/360 * C8) * $B $5 * $B $6

平均坏账损失率变化对坏账成本的影响：C19 = C8 * C10

现金折扣成本的变化情况：C20 = ($B$3 + C8) * C11 * C12

信用政策变化带来的净收益：C21 = C17 - C18 - C19 - C20

将A方案各公式复制到B方案即可。

最终，比较两个方案的优劣，选出较优方案，如图7-7所示。

在A23单元格中编辑文字："结论："，并且在B23单元格中输入结论公式：=IF(AND(C21>0,D21>0),IF(C21>D21,"选择方案A","选择方案B"),IF(C21>0,"选择方案A",IF(D21>0,"选择方案B","维持原方案")))。

图7-7 应收账款赊销结论

7.3.4 Excel应收账款账龄分析

编制应收账款账龄分析表是为了让企业随时了解已发生的应收账款欠款情况。账龄分析表主要作用在于反映不同客户欠款的分布情况，帮助企业制定合理的收账政策以及收回债权。

【例7-3】 某企业今年的应收账款明细如表7-3所示。

表7-3 应收账款明细表

开票日期	发票	名称	应收金额（万元）	已收金额（万元）	收款期限（天）
19-2-25	26186	A公司	6	3	30
19-3-14	26246	B公司	3.5	2	60
19-5-12	26359	C公司	2	1.5	20
19-6-19	26388	D公司	0.5	0	20
19-7-18	26467	A公司	5	2	30
19-9-12	26556	C公司	0.3	0	30
19-10-16	26652	B公司	1.5	1.2	50
19-11-10	26745	D公司	3.5	1.6	50

根据企业今年的应收账款明细，下面将编制应收账款明细清单，按公司名称进行汇总，分析应收账款账龄。

1. 计算未收金额、到期日期等项目

(1) 创建Excel模板。右击工作表Sheet2，将其重命名为"应收账款清单"，输入已知数据，如图7-8所示。

1	应收账款清单								今天日期	
2	开票日期	发票	名称	应收金额	已收金额	未收金额	收款期限	到期日期	到期	未到期金额
3	2019/2/25	26186	A公司	6	3		30			
4	2019/3/14	26246	B公司	3.5	2		60			
5	2019/5/12	26359	C公司	2	1.5		20			
6	2019/6/9	26388	D公司	0.5	0		20			
7	2019/7/18	26467	A公司	5	2		30			
8	2019/9/12	26556	C公司	0.3	0		30			
9	2019/10/19	26652	B公司	1.5	1.2		50			
10	2019/11/10	26745	D公司	3.5	1.6		50			
11										

图 7－8　应收账款清单

（2）定义“今天日期”。选择单元格 I1，在“公式”选项卡中选择“插入函数 fx”对话框，在“选择函数”框中单击“now”函数，然后单击“确定”按钮（假设日期是 2019－12－7），如图 7－9 所示。

（3）计算“未收金额”。选择单元格区域 F3，在编辑栏中输入公式：＝D3－E3。将单元格 F3 中的公式复制到单元格区域 F4:F10，显示结果如图 7－9F 列所示。

（4）计算“到期日期”。选择单元格 H3，在编辑栏中输入公式：＝A3＋G3。将单元格 H3 的公式复制到单元格 H4:H10，显示结果如图 7－9H 列所示。

（5）显示是否到期。选择单元格区域 I3，在编辑栏中输入公式：

＝IF($I$1＞H3,“是”,“否”)，将单元格 I3 中的公式复制到单元格 I4:I10，显示结果如图 7－9I 列所示。

（6）计算未到期金额。选择单元格 J3，在编辑栏中输入公式：

＝IF($I$1－$H3＜0,$D3－$E3,0)，将单元格 J3 中的公式复制到单元格 J4:J10，显示结果如图 7－9 中的 J 列所示。

	A	B	C	D	E	F	G	H	I	J
1	应收账款清单								2019/12/7 0:00	
2	开票日期	发票	名称	应收金额	已收金额	未收金额	收款期限	到期日期	到期	未到期金额
3	2019/2/25	26186	A公司	6	3	3	30	2019/3/27	是	0
4	2019/3/14	26246	B公司	3.5	2	1.5	60	2019/5/13	是	0
5	2019/5/12	26359	C公司	2	1.5	0.5	20	2019/6/1	是	0
6	2019/6/9	26388	D公司	0.5	0	0.5	20	2019/6/29	是	0
7	2019/7/18	26467	A公司	5	2	3	30	2019/8/17	是	0
8	2019/9/12	26556	C公司	0.3	0	0.3	30	2019/10/12	是	0
9	2019/10/19	26652	B公司	1.5	1.2	0.3	50	2019/12/8	否	0.3
10	2019/11/10	26745	D公司	3.5	1.6	1.9	50	2019/12/30	否	1.9
11										

图 7－9　应收账款清单计算结果

2. 分类汇总

目前，图 7－9 中的内容是应收账款日常操作的内容，一段时间后便需要对这些账目进行分类汇总。操作步骤如下：

（1）排序。选择单元格 C3:C10，在“数据”选项卡中选择“升序”命令，打开“排序提醒”对话框，在“给出排序依据”框中，选择“扩展选定区域”，然后单击“排序”按钮，显示结果如图 7－10 所示。

	A	B	C	D	E	F	G	H	I	J
1			应收账款清单						2019/12/7 0:00	
2	开票日期	发票	名称	应收金额	已收金额	未收金额	收款期限	到期日期	到期	未到期金额
3	2019/2/25	26186	A公司	6	3	3	30	2019/3/27	是	0
4	2019/7/18	26467	A公司	5	2	3	30	2019/8/17	是	0
5	2019/3/14	26246	B公司	3.5	2	1.5	60	2019/5/13	是	0
6	2019/10/19	26652	B公司	1.5	1.2	0.3	50	2019/12/8	否	0.3
7	2019/5/12	26359	C公司	2	1.5	0.5	20	2019/6/1	是	0
8	2019/9/12	26556	C公司	0.3	0	0.3	30	2019/10/12	是	0
9	2019/6/9	26388	D公司	0.5	0	0.5	20	2019/6/29	是	0
10	2019/11/10	26745	D公司	3.5	1.6	1.9	50	2019/12/30	否	1.9
11										

图 7-10 排序后应收账款清单

（2）汇总。选择第 2 行到第 10 行，在“数据”选项卡中选择“分级显示”—“分类汇总”命令，如图 7-11 所示。

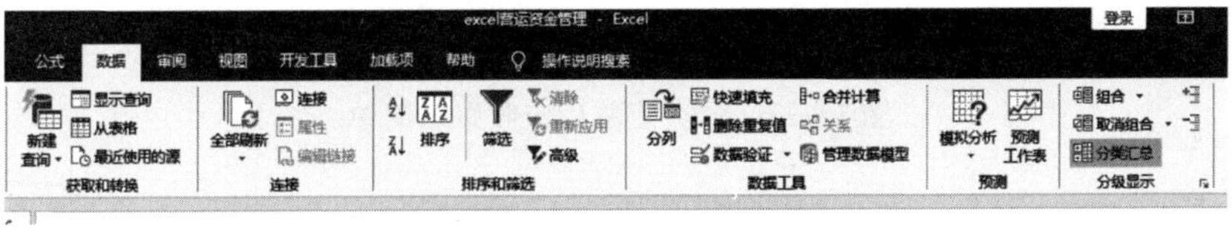

图 7-11 分类汇总命令图

在弹出的“分类汇总”对话框的“分类字段”下拉列表中选择“名称”，在“汇总方式”的下拉列表中选择“求和”，在“选定汇总项”框中勾选“应收金额”“已收金额”“未收金额”“未到期金额”，勾选“替换当前分类汇总”“汇总结果显示在数据下方”，单击“确定”按钮，如图 7-12 所示。

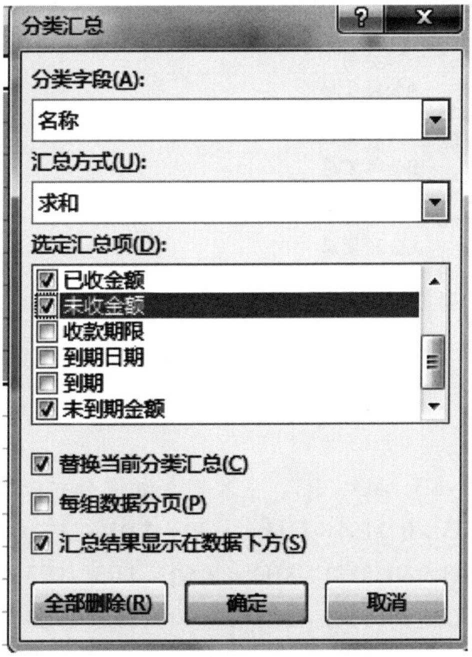

图 7-12 分类汇总对话框

（3）汇总结果，如图 7－13 所示。

	A	B	C	D	E	F	G	H	I	J
1	应收账款清单								2019/12/7 0:00	
2	开票日期	发票	名称	应收金额	已收金额	未收金额	收款期限	到期日期	到期	未到期金额
3	2019/2/25	26186	A公司	6	3	3	30	2019/3/27	是	0
4	2019/7/18	26467	A公司	5	2	3	30	2019/8/17	是	0
5			A公司 汇总	11	5	6				0
6	2019/3/14	26246	B公司	3.5	2	1.5	60	2019/5/13	是	0
7	2019/10/19	26652	B公司	1.5	1.2	0.3	50	2019/12/8	否	0.3
8			B公司 汇总	5	3.2	1.8				0.3
9	2019/5/12	26359	C公司	2	1.5	0.5	20	2019/6/1	是	0
10	2019/9/12	26556	C公司	0.3	0	0.3	30	2019/10/12	是	0
11			C公司 汇总	2.3	1.5	0.8				0
12	2019/6/9	26388	D公司	0.5	0	0.5	20	2019/6/29	是	0
13	2019/11/10	26745	D公司	3.5	1.6	1.9	50	2019/12/30	否	1.9
14			D公司 汇总	4	1.6	2.4				1.9
15			总计	22.3	11.3	11				2.2
16										

图 7－13　分类汇总后应收账款清单

3. 账龄分析

企业应该对应收账款做定期的汇总，并分析应收账款的账龄，及时收回应收账款。具体步骤如下：

（1）隐藏单元格 D:J 列，在工作表中创建如图 7－14 所示的计算表格。

	A	B	C	K	L	M	N	O	P
1	应收账款清单			逾期天数汇总					
2	开票日期	发票	名称	0-30	30-60	60-90	90天以上	合计	百分比
3	2019/2/25	26186	A公司						
4	2019/7/18	26467	A公司						
5			A公司 汇总						
6	2019/3/14	26246	B公司						
7	2019/10/19	26652	B公司						
8			B公司 汇总						
9	2019/5/12	26359	C公司						
10	2019/9/12	26556	C公司						
11			C公司 汇总						
12	2019/6/9	26388	D公司						
13	2019/11/10	26745	D公司						
14			D公司 汇总						
15			总计						

图 7－14　账龄分析表

（2）选择单元格 K3、L3、M3、N3，依次输入如下公式：

=IF(AND($I$1-$H3>0,$I$1-$H3<=30),$D3-$E3,0)；

=IF(AND($I$1-$H3>30,$I$1-$H3<=60),$D3-$E3,0)；

=IF(AND($I$1-$H3>60,$I$1-$H3<=90),$D3-$E3,0)；

=IF($I$1-$H3>90,$D3-$E3,0)。

(3) 将单元格区域 K3:N3 中公式复制到单元格区域 K4:N4、K6:N6、K7:N7、K9:N9、K10:N10、K12:N12、K13:N13 中，得到结果如图 7－15 所示。

(4) 选择单元格 K5，输入如下公式：=SUBTOTAL(9,K3:K4)。

(5) 将单元格区域 K5 中公式复制到单元格 L5:N5、K8:N8、K11:N11、K14:N14 中。

(6) 选择单元格 O3，输入如下公式：=SUM(K3:N3)。

(7) 将单元格区域 O3 中公式复制到单元格 O4:O14。

(8) 选择单元格 K15，输入如下公式：=SUBTOTAL(9,K3:K14)。

(9) 将单元格区域 K15 中公式复制到单元格 L15:O15。

(10) 选择单元格 P3，输入如下公式：=O3/$O$15，按［Enter］键，得到 A 公司逾期天数汇总合计和所占百分比。

(11) 将单元格 P3 中公式复制到单元格 P4:P15 中，得到结果如图 7－15 所示。

	A	B	C	D	E	F	G	H	I	J	K	L	M	N	O	P
1			应收账款清单						2019/12/7 0:00		逾期天数汇总					
2	开票日期	发票	名称	应收金额	已收金额	未收金额	收款期限	到期日期	到期	未到期金额	0-30	30-60	60-90	90天以上	合计	百分比
3	2019/2/25	26186	A公司	6	3	3	30	2019/3/27	是	0	0	0	0	3	3	34.09%
4	2019/7/18	26467	A公司	5	2	3	30	2019/8/17	是	0	0	0	0	3	3	34.09%
5			A公司 汇总	11	5	6				0	0	0	0	6	6	68.18%
6	2019/3/14	26246	B公司	3.5	2	1.5	60	2019/5/13	是	0	0	0	0	1.5	1.5	17.05%
7	2019/10/19	26652	B公司	1.5	1.2	0.3	50	2019/12/8	否	0.3	0	0	0	0	0	0.00%
8			B公司 汇总	5	3.2	1.8				0.3	0	0	0	1.5	1.5	17.05%
9	2019/5/12	26359	C公司	2	1.5	0.5	20	2019/6/1	是	0	0	0	0	0.5	0.5	5.68%
10	2019/9/12	26556	C公司	0.3	0	0.3	30	2019/10/12	是	0	0	0.3	0	0	0.3	3.41%
11			C公司 汇总	2.3	1.5	0.8				0	0	0.3	0	0.5	0.8	9.09%
12	2019/6/9	26388	D公司	0.5	0	0.5	20	2019/6/29	是	0	0	0	0	0.5	0.5	5.68%
13	2019/11/10	26745	D公司	3.5	1.6	1.9	50	2019/12/30	否	1.9	0	0	0	0	0	0.00%
14			D公司 汇总	4	1.6	2.4				1.9	0	0	0	0.5	0.5	5.68%
15			总计	22.3	11.3	11				2.2	0	0.3	0	8.5	8.8	100.00%

图 7－15　账龄分析结果

7.3.5　应收账款催款提醒

【例 7－3】已经对应收账款的账龄做出了分析，一般来说，应收账款逾期时间越长，越容易形成坏账，因此财务部门应定期分析应收账款的账龄，提供账龄数据及比率，催促收回逾期的账款。

【例 7－4】接【例 7－3】，为了方便查看，在表内使用不同颜色显示逾期天数，以示提醒。其中逾期一个月的选择用蓝色标识，逾期两个月的用绿色标识，逾期三个月的用黄色标识，逾期 90 天以上的用红色标识。

解决方案：

(1) 复制图 7－10 中的内容到新工作表中，命名为应收账款催款提醒；

(2) 选择单元格 K3，在编辑栏中输入公式：

=IF($I$1 >$H3,DAYS360($H3,$I$1),0)，确定后显示 A 公司的应收账款超期天数。将单元格 K3 中的公式，复制单元格 K4：K10 中，得到结果如图 7－16 所示。

	A	B	C	D	E	F	G	H	I	J	K
1	应收账款催款单							今天日期	2009-12-7		
2	开票日期	发票	名称	应收金额	已收金额	未收金额	收款期限	到期日期	到期	未到期金额	超期天数
3	2009-2-25	26186	A公司	5	2	3	30	2009-3-27	是	0	250
4	2009-7-18	26467	A公司	4.5	2.3	2.2	60	2009-9-16	是	0	81
5	2009-3-14	26246	B公司	2.5	0.5	2	20	2009-4-3	是	0	244
6	2009-11-16	26652	B公司	1.3	1.2	0.1	50	2010-1-5	否	0.1	0
7	2009-5-12	26359	C公司	1.25	1.05	0.2	60	2009-7-11	是	0	146
8	2009-9-12	26556	C公司	0.2	0	0.2	30	2009-10-12	是	0	55
9	2009-6-9	26388	D公司	0.3	0	0.3	80	2009-8-28	是	0	99
10	2009-12-2	26745	D公司	3.2	1.6	1.6	20	2009-12-22	否	1.6	0

应收账款清单　应收账款催款提醒

图 7－16　应收账款催款提醒

（3）选择单元格区域 K3:K10，在“开始”选项卡中选择“样式”—“条件格式”—“新建规则”命令，打开“新建格式规则”对话框。

（4）在弹出的“新建格式规则”对话框的“选择规则类型”，选择“只为包含以下内容的单元格设置格式”，在“编辑规则说明”中输入如图 7－17 所示的内容，单击“格式”按钮。

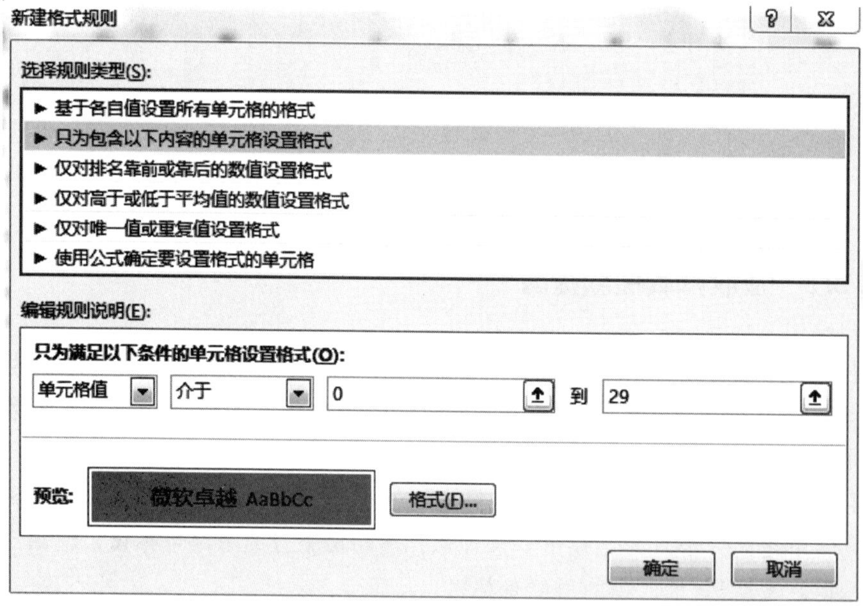

图 7－17　条件格式设置

（5）在弹出的“设置单元格格式”对话框中，选择“填充”选项卡，在“背景色”中选择蓝色，单击“确定”按钮。

（6）重复步骤（4）和步骤（5），按照“单元格值介于 30～59”“单元格值介于 60～90”和“单元格值大于 90”的规则依次设置单元格格式。

（7）设置后得到的效果如图 7－18 所示。

	A	B	C	D	E	F	G	H	I	J	K
1	应收账款清单								2019/12/7 0:00		
2	开票日期	发票	名称	应收金额	已收金额	未收金额	收款期限	到期日期	到期	未到期金额	超期天数
3	2019/2/25	26186	A公司	6	3	3	30	2019/3/27	是	0	[illegible]
4	2019/7/18	26467	A公司	5	2	3	30	2019/8/17	是	0	[illegible]
5	2019/3/14	26246	B公司	3.5	2	1.5	60	2019/5/13	是	0	[illegible]
6	2019/10/19	26652	B公司	1.5	1.2	0.3	50	2019/12/8	否	0.3	0
7	2019/5/12	26359	C公司	2	1.5	0.5	20	2019/6/1	是	0	[illegible]
8	2019/9/12	26556	C公司	0.3	0	0.3	30	2019/10/12	是	0	55
9	2019/6/9	26388	D公司	0.5	0	0.5	20	2019/6/29	是	0	[illegible]
10	2019/11/10	26745	D公司	3.5	1.6	1.9	50	2019/12/30	否	1.9	0

图 7-18 应收账款催款提醒效果图

7.4 Excel 存货管理

存货的决策通常分为两大类：一类是研究怎样把存货的数据控制在最优化水平上，即存货的控制决策；另一类是研究为了保持适当的存货，一年应分为几次订货，每次订货多少最经济，在什么情况下再订货比较合适等，即经济订货批量的决策。企业只有做好存货的控制决策和规划决策，才能使存货所占的资金得到最经济、最合理、最有效的使用。

7.4.1 存货成本

1. 进货成本

进货成本是指存货的取得成本，由存货进价和进货费用构成。存货的进价是指存货本身的价值，等于存货进货数量与单价的乘积，又称为购置成本。在一定时期进货总量既定、物价不变且无采购数量折扣的条件下，无论企业采购次数如何变动，存货的进价成本都是保持相对稳定的。进货费用又称订货成本，是指企业为组织进货而开支的费用，如与存货采购有关的办公费、差旅费、邮资、电报电话费、运输费、检验费、入库搬运费等支出。订货成本有一部分与订货次数无关，如常设采购机构的基本开支等，称为订货的固定成本，这类固定性进货费用属于决策的无关成本；另一部分与订货次数有关，如差旅费、邮资、通讯费等，与进货次数成正比例变动，这类变动性进货费用属于决策的相关成本。

2. 储存成本

储存成本是指企业为持有存货而发生的费用，主要包括存货占用资金所应计的机会成本、仓库费用、存货破损变质损失、存货的保险费用等。储存成本按照与储存数额的关系也分为固定成本和变动成本。固定成本与存货数量的多少无关，如仓库折旧、仓库职工的固定月工资等，是决策无关成本；变动成本则与存货的数量有关，如存货资金的应计利息、存货的破损和变质损失、存货的保险费用等，属于决策的相关成本。

3. 缺货成本

缺货成本是指因存货不足而给企业造成的损失，主要包括材料供应中断造成的停工损失、产成品库存缺货造成的拖欠发货损失和丧失销售机会的损失，还应包括需要主观估计的商誉损失等有形和无形的损失。如果生产企业以紧急采购代用材料解决库存材料中断之急，那么缺货成本表现为紧急额外购入成本，而紧急额外购入的开支会大于正常采购的开支。缺货成本能否作为决策的相关成本，应视企业是否允许出现存货短缺的不同情形而定。若允许缺货，则缺货成本便与存货数量反向相关，即属于决策相关成本；反之，若企业不允许发生缺货情形，此时缺货成本为零，也就无须加以考虑。但在实际工作中，缺货成本因其计量十分困难常常不予考虑，但如果缺货成本能够准确计量的话，也可以在存货决策中考虑。

7.4.2 Excel 存货经济批量模型

实现存货管理的目标，关键在于确定一个最佳的存货数量，对存货数量加以控制，使存货的总成本最低。

1. Excel 存货经济订货批量基本模型设计

存货经济订货批量基本模型假设前提：

（1）存货年需要量和日消耗量是均衡的；（2）从存货到货物到达所间隔的时间是固定的，每批货物均一次性到达；（3）不考虑数量折扣；（4）不会发生缺货。

在这样的假设前提下，存货相关总成本由三部分组成，即采购成本、储存成本和订货成本。（此处采购成本是无关成本，但考虑方便今后模型的扩展，此处保留。）即：

采购成本 = 单价 × 全年需要量

储存成本 = 订货批量/2 × 单位存货年储存成本

订货成本 = 存货全年需要量/订货批量 × 每次订货成本

总成本 = 采购成本 + 储存成本 + 订货成本

$$= p \times D + \frac{Q}{2} \times C + \frac{D}{Q} \times K$$

式中，p 为材料单价；D 为存货全年需要量；Q 为一次订货批量；C 为单位存货年储存成本；K 为每次订货成本。

在总成本公式中，只有订货批量 Q 是待定的，其他数据都是已知的，问题就转化成如何对订货批量 Q 取值使得总成本最小的问题。这类求极值问题在 Excel 的“规划求解”工具可以轻松解决。下面举例说明模型的制作过程。

【例 7-5】某公司全年需要甲材料 20000 千克，一次订货费用 55 元，材料单价 16

元/千克，材料的单位存储成本为 8 元/千克。计算该企业的经济订货批量，全年订货次数和最佳订货周期和订货占用资金。

模型制作步骤：

（1）在 Excel 环境输入基础数据，如图 7 – 19 所示。

	A	B
1	最优订货批量决策模型	
2	基础数据区	
3	存货名称	甲材料
4	材料年需要量D	20000
5	一次订货成本K	55
6	单位储存成本C	8
7	单价U	16

图 7 – 19　基础数据区

（2）建立公式，如图 7 – 20 所示。

12	模型1	
13	规划求解分析	
14		
15	存货名称	甲材料
16	最优订货批量Q*	200
17	采购成本	=B4*B7
18	储存成本	=(B16/2)*B6
19	订货成本	=B4/B16*B5
20	总成本	=B17+B18+B19
21	最佳订货次数	=B4/B16
22	最佳订货周期（月）	=12/B21
23	经济订货量占用资金	=B16/2*B7

图 7 – 20　基本模型相关公式

在公式区域，由于储存成本和订货成本都是关于最优订货批量的公式，在没有规划求解前，先假定单元格 B16 的值为 200。很明显，在模型中的任何公式都和存货最优订货批量有关，即单元格 B16 的变动直接导致储存成本、采购成本的变动，最终导致总成本的变动。那么问题转化为：B16 如何取值使得总成本单元格 B20 最小。下面，通过规划求解工具进行解决。

（3）规划求解。

规划求解步骤：

①选择“数据”菜单下的“规划求解”。

②在规划求解参数中录入：先设置目标单元格，用鼠标拾取 B20 单元格，或直接录入“ $B$20”，再选择最小值单选钮；然后录入可变单元格，用鼠标拾取 B16，或直接录入“ $B$16”，如图 7 – 21 所示。

图 7-21 规划求解

③参数录入完毕，单击求解按钮，选择保存规划求解结果，自动计算，保留结果，如图 7-22 所示。

12	模型1	
13	规划求解分析	
14		
15	存货名称	甲材料
16	最优订货批量Q*	524
17	采购成本	320,000
18	储存成本	2,098
19	订货成本	2,098
20	总成本	324,195
21	最佳订货次数	38.1
22	最佳订货周期(月)	0.3
23	经济订货量占用资金	4,195.23

图 7-22 规划求解结果

2. 存货陆续供应和使用

在基本模型的假设条件中，有一些条件在实际工作中很难满足，比如存货的一次性到达假设和存货一次性到达与领用的假设。那么，我们考虑将基本模型的假设（1）放开，扩展模型。增加两个变量，每日送货量 P，每日耗用量 d，总成本公式变为：

$$\text{总成本 } T = \text{采购成本} + \text{储存成本} + \text{订货成本}$$

$$= p \times D + \frac{Q}{2} \times \left(1 - \frac{d}{P}\right) \times C + \frac{D}{Q} \times K$$

这个总成本公式和基本模型的总成本公式进行比较，只有储存成本表示有变化。对于 Excel 模型来讲，总成本公式的变化，只不过是将总成本单元格公式做适当修改即可。

【例 7-6】 在【例 7-5】数据中，增加条件：每日送货量为 100 千克，每日耗用量为 20 千克，计算经济订货批量。

制作过程：

（1）在原模型基本数据区增加两行，输入“每日送货量 P”和“每日耗用量 d”，再修改分析区的储存成本公式，如图 7-23 所示。

12	模型2	
13	规划求解分析	
14		
15	材料名称	甲材料
16	最优订货批量Q*	200
17	采购成本	=B4*B7
18	储存成本	=(B16/2)*(1-B9/B8)*B6
19	订货成本	=B4/B16*B5
20	总成本	=B17+B18+B19
21	最佳订货次数	=B4/B16
22	最佳订货周期(月)	=12/B21
23	经济订货量占用资金	=B16/2*B7

图 7－23　模型 2 公式

（2）规划求解过程同【例 7－5】，结果如图 7－24 所示。

12	模型2	
13	规划求解分析	
14		
15	材料名称	甲材料
16	最优订货批量Q*	586
17	采购成本	320,000
18	储存成本	1,876
19	订货成本	1,876
20	总成本	323,752
21	最佳订货次数	34.1
22	最佳订货周期(月)	0.4
23	经济订货量占用资金	4,690.42

图 7－24　模型 2 求解结果

3. 存在数量折扣下的经济订货批量模式

在实际工作中，购买存货通常存在数量优惠，购买越多，企业可获得的价格优惠越大。因此，在存在商业折扣的情况下，在计算总成本时，商品的采购成本也成为决策相关成本，这时，

$$总成本 = 采购成本 + 进货费用 + 储存成本$$

$$= p \times D \times (1 - d_i) + \frac{Q}{2} \times \left(1 - \frac{d}{P}\right) \times C + \frac{D}{Q} \times K$$

式中，d_i 是供应商给予的数量折扣。

在享受数量折扣下，计算经济订货批量的基本步骤是：（1）首先按照基本模型确定无数量折扣条件下经济订货批量及其总成本；（2）计算在数量折扣点下的总成本；（3）比较（1）和（2）的总成本，选择最小值。

【例 7－7】 在【例 7－6】中，假设甲材料存在数量折扣，销售方规定，客户每批购买量达到 1000 千克时，给予 2% 优惠，如何确定订货批量？

模型制作：

（1）制作不考虑数量折扣条件的订货模型，过程同前例。

（2）再计算使订货批量为给予折扣的订货点的相关总成本，如图 7－25 所示。

8	每日送货量P	100	
9	每日耗用量d	20	
10	数量折扣	0.02	
11			
12	模型3		
13		规划求解分析	
14			
15	项目	不考虑数量折扣	数量折扣点对应数据
16	订货批量Q	683.13004402134	1000
17	采购成本	=B4*B7	=B4*B7*(1-B10)
18	储存成本	=(B16/2)*(1-B9/B8)*B6	=(C16/2)*(1-B9/B8)*B6
19	订货成本	=B4/B16*B5	=B4/C16*B5
20	总成本	=B17+B18+B19	=C17+C18+C19
21	比较总成本	=IF(B20<C20,"不考虑数量折扣成本较低","数量折扣点成本较低")	
22	最优订货批量Q	=IF(B20<C20,B16,C16)	
23	最佳订货次数	=B4/B22	
24	最佳订货周期(月)	=12/B23	
25	经济订货量占用资金	=B22/2*B7	
26			

图 7－25　模型 3 公式

（3）用 IF 函数比较总成本，选择最小值，如图 7－26 所示。

10	数量折扣	2.00%	
11			
12	模型3		
13		规划求解分析	
14			
15	项目	不考虑数量折扣	数量折扣点对应数据
16	订货批量Q	586	1,000
17	采购成本	320,000	313,600
18	储存成本	1,876	3,200
19	订货成本	1,876	1,100
20	总成本	323,752	317,900
21	比较总成本	数量折扣点成本较低	
22	最优订货批量Q	1,000	
23	最佳订货次数	20.0	
24	最佳订货周期(月)	0.6	
25	经济订货量占用资金	8,000.00	

图 7－26　模型 3 求解结果

7.4.3　存货日常管理：存货的 ABC 控制法

存货 ABC 控制法是运用统计分类的原理对存货进行控制的一种方法。采用这一方法，先把各种存货按其平均耗用量分别乘以它的单位成本，并根据一定金额标准将它们划分为 A、B、C 三类，然后计算各类存货所占耗用总数量、耗用总成本的百分率，再根据具体情况对这三类存货分别采取不同的控制措施。

【例 7－8】 已知某企业部分库存商品资料如图 7－27 所示。请用 Excel 建立模型进行存货的 ABC 控制法分析。

	A	B	C
1	商品编号	需求量	单价
2	2202	800	500
3	2203	3500	24
4	1101	2000	2100
5	1102	800	4620
6	3301	360	130
7	2201	1200	465
8	1104	600	900
9	1103	180	350
10	3302	1400	15
11	3303	250	18

图 7－27　基础数据

解决方案：

（1）建立 Excel 模型，如图 7－28 所示。

	A	B	C	D	E	F	G
1	商品编号	需求量	单价	每年存货金额	金额百分比	数量百分比	等级
2	2202	800	500				
3	2203	3500	24				
4	1101	2000	2100				
5	1102	800	4620				
6	3301	360	130				
7	2201	1200	465				
8	1104	600	900				
9	1103	180	350				
10	3302	1400	15				
11	3303	250	18				
12							

存货ABC分析模型

图 7－28　存货 ABC 分析模型

（2）求和。选择单元格 B12，在编辑栏中输入公式：

=SUM(B2:B11)

（3）将单元格 B12 中的公式复制单元格 C12、D12 中。

（4）选择单元格 D2、E2、F2、G2，依次输入下列公式：

=B2 * C2

=D2/$D$12

=B2/$B$12

=IF(E2 >30%,"A",(IF(E2 <5%,"C","B")))

（5）将单元格 D2、E2、F2、G2 中的公式复制到单元格 D3:G11。得到的结果如图 7－29 所示。

（6）隐藏第 12 行。右击第 12 行，点击“隐藏”命令。

（7）按照“每年存货金额”的“降序”排序。选择单元格 A1:G1，在“开始”选项卡中选择“排序和筛选”—“筛选”命令。选择单元格 D1，单击“降序”。

（8）拖拉第 13 行，显示出第 12 行。得到的结果如图 7－30 所示。

商品编号	需求量	单价	每年存货金额	金额百分比	数量百分比	等级
2202	800	500	400000	4.2%	7.2%	C
2203	3500	24	84000	0.9%	31.6%	C
1101	2000	2100	4200000	43.7%	18.0%	A
1102	800	4620	3696000	38.4%	7.2%	A
3301	360	130	46800	0.5%	3.2%	C
2201	1200	465	558000	5.8%	10.8%	B
1104	600	900	540000	5.6%	5.4%	B
1103	180	350	63000	0.7%	1.6%	C
3302	1400	15	21000	0.2%	12.6%	C
3303	250	18	4500	0.0%	2.3%	C
合计：	11090	9122	9613300	100.0%	100.0%	

图 7－29　计算结果

商品编	需求量	单价	每年存货金	金额百分	数量百分比	等级
1101	2000	2100	4200000	43.7%	18.0%	A
1102	800	4620	3696000	38.4%	7.2%	A
2201	1200	465	558000	5.8%	10.8%	B
1104	600	900	540000	5.6%	5.4%	B
2202	800	500	400000	4.2%	7.2%	C
2203	3500	24	84000	0.9%	31.6%	C
1103	180	350	63000	0.7%	1.6%	C
3301	360	130	46800	0.5%	3.2%	C
3302	1400	15	21000	0.2%	12.6%	C
3303	250	18	4500	0.0%	2.3%	C
合计：	11090	9122	9613300	100.0%	100.0%	

图 7－30　运算结果

根据表中的数据，分析得出结论：

A 类产品成本占到总成本的 30% 以上，应进行重点管理。现场管理要更加严格，应放在更安全的地方；为了保持库存记录的准确要经常进行检查和盘点；预测时要更加仔细。

B 类产品成本占到总成本的 5% ~30%，需要进行次重点管理。现场管理不必投入比 A 类更多的精力；库存检查和盘点的周期可以比 A 类要长一些。

C 类产品成本占到总成本的 5% 以下，对这类产品，只要进行一般管理就可以了。但是由于品种多，出现差错的可能性也比较大，因此也必须定期进行库存检查和盘点，周期可以比 B 类长一些。

本章实验与实训

实验一　应收账款信用政策综合决策模型

【实验目的】 通过分析信用政策中的每一项内容的变化对企业利益的影响程度，制订合适的信用政策。

【实验资料】

实验资料如图 7－31 所示。

	A	B	C	D
1	应收账款的信用政策决策模型			
2	原始数据区			
3	项目	目前信用政策	新信用政策方案	
4			方案A	方案B
5	年赊销额（元）	120000	130000	140000
6	销售利润率（%）	20%	20%	20%
7	收账管理成本率（%）	0.60%	0.70%	0.80%
8	平均坏账损失率（%）	2%	3%	4%
9	平均收现期（天）	50	60	40
10	需付现金折扣的销售额占总销售额的百分比（%）	0%	0%	50%
11	现金折扣率（%）	0%	0%	2%
12	应收账款的机会成本率（%）	15%	15%	15%
13	变动成本率（%）	60%	60%	60%
14	分析区域			
15	信用政策变化对利润的影响（元）			
16	信用政策变化对应收账款机会成本的影响（元）			
17	信用政策变化对坏账损失的影响（元）			
18	信用政策变化对现金折扣成本的影响（元）			
19	信用政策变化对收账管理成本的影响（元）			
20	信用政策变化带来的增量利润（元）			
21	结论:			

Sheet1

图 7－31　应收账款信用政策决策模型

【实验要求】

1. 计算方案 A 的各项增量指标。
2. 将 C15:C20 的公式复制到 D15:D20，得到方案 B 的各项增量指标。
3. 用 IF 函数自动得出决策方案。

实验二　允许缺货条件下的经济订货批量模型

【实验目的】掌握在缺货条件下，经济订货批量、年最佳订货次数和年最低订储费用的计算模型。

【实验资料】

实验资料如图 7－32 所示。

	A	B
1	经济订货批量决策模型	
2	已知数据	
3	年需求量（公斤）	5000
4	每次订货费用（元/次）	180
5	单件保管费用（元/公斤/年）	12
6	单件缺货损失费用（元/公斤/年	9
7	是否允许缺货	允许缺货
8	计算结果	
9	经济订货批量（件）	
10	年经济订货次数（次）	
11	年最低订储费用（元）	

Sheet1　Sheet2

图 7－32　经济订货批量模型

【实验要求】

1. 利用“数据”选项卡中选择“数据有效性”命令，将单元格 B7 设置为“允许缺货”和“不允许缺货”两个选项。

2. 利用以下公式计算经济订货批量：

（1）允许缺货时，经济订货批量的计算公式为：

$$\sqrt{2\times\text{每年需求量}\times\frac{\text{每次订货费用}}{\text{单件保管费用}}}$$

（2）不允许缺货时，经济订货批量的计算公式为：

$$\sqrt{2\times\text{每年需求量}\times\frac{\text{每次订货费用}}{\text{单件保管费用}}\times\frac{\text{单件保管费用}+\text{单件缺货损失费用}}{\text{单件缺货损失费用}}}$$

提示：利用 IF 函数建立单元格 B9 的公式。

3. 利用以下公式计算年最佳订货次数：

$$\text{最佳订货次数}=\text{年需求量}/\text{经济订货批量}+0.5$$

提示：将计算结果取整。

4. 利用以下公式计算年最低订储费用：

（1）允许缺货时，最低订储费用的计算公式为：

$$\sqrt{2\times\text{每年需求量}\times\text{每次订货费用}\times\text{单件保管费用}}$$

（2）不允许缺货时，最低订储费用的计算公式为：

$$\sqrt{2\times\text{每年需求量}\times\text{每次订货费用}\times\text{单件保管费用}\times\frac{\text{单件缺货损失费用}}{\text{单件保管费用}+\text{单件缺货损失费用}}}$$

提示：利用 IF 函数建立单元格 B11 的公式。

第 8 章　Excel 财务预测

8.1　财务预测概述

财务预测是指对企业未来的收入、成本、利润、现金流量及融资需求等财务指标所做的估计和推测。财务预测是编制投资和融资计划的基础，是公司制定成长战略的基本要素。称职的财务管理人员应该能够充分利用公司的有关信息资料，预测公司的财务需要并做出相应的安排。公司成长主要由销售增长来决定，销售增长需要相应的资产增长，如果企业已经是满负荷运转，不仅流动资产要增长，而且固定资产也要增长，而资产增长需要相应的融资增长。同时，企业进行对外投资和调整资本结构，也需要筹措资金。企业所需要的这些资金，一部分来自企业内部，另一部分通过外部融资取得。由于对外融资时，企业不但需要寻找资金提供者，而且还需做出还本付息的承诺或提供企业盈利前景等信息，使资金提供者确信其投资是安全的并可获利，这个过程往往需要花费较长的时间。因此，企业需要预先知道自身的财务需求，确定资金的需要量，提前安排融资计划，以免影响资金周转。

财务预测有助于改善企业的投资决策。虽然投资是决定筹资与否和筹资多少的重要因素，但是根据销售前景估计出的融资需求，并不一定能够得到全部满足。这时，就需要根据可能筹措到的资金来安排销售增长以及有关的投资项目，使投资决策建立在可行的基础上。

8.1.1　财务预测的步骤

财务预测一般按以下几个步骤进行。

1. 销售预测

销售预测是指根据市场调查得到有关资料，通过对有关因素的分析研究，预计和测算特定产品在未来一定时期内的市场销售量水平及变化趋势，进而预测企业产品未来销售量的过程。企业的一切财务需求都可以看作是因销售引起的，销售量的增减变化，将会引起库存量、现金流量、应收与应付账款以及公司其他资产和负债的变化。因此，销售预测在企业预测系统中处于先导地位，它对指导利润预测、成本预测和资金预测，进行长短期决策，安排经营计划，组织生产等都起重要的作用。

2. 估计收入、费用和利润

收入和费用与销售量之间也存在一定的函数关系，因此，可以根据销售数据估计收入和费用，并确定净利润。净利润和股利支付率共同决定了内部留存收益所能提供的资金数额。

3. 估计需要的资产

资产通常是销售收入的函数，根据历史数据可以分析出二者之间的函数关系。根据预计销售收入和资产与销售之间的函数关系，可以预测所需资产的总量。某些流动负债也是销售收入的函数，相应地也可以预测负债的自发增长额，这种增长可以减少企业外部融资的数额。

4. 估计所需融资

根据预计资产总量，减去已有的资金来源、负债的自发增长和内部提供的留存收益，可得出所需的外部融资数额。

8.1.2 财务预测的方法

财务预测的方法有很多种，企业应根据不同的需要选择不同的预测方法。总的来说，预测分析方法可分为两大类：定量预测法和定性预测法。

1. 定量预测法

定量预测法是指在掌握与预测对象有关的各种要素的定量资料的基础上，运用现代数学方法进行数据处理，从而建立起能够反映有关变量之间关系的各类预测模型的方法。

在财务预测中，经常使用的定量预测法主要有以下几种。

（1）移动平均法。

移动平均法是一种改良的算术平均法，是一种最简单的自适应预测模型。它根据近期数据对预测值影响较大、远期数据对预测值影响较小的事实，把平均数逐期移动。移动期数的大小视具体情况而定，移动期数少，能快速地反映变化，但不能反映变化趋势；移动期数多，能反映变化趋势，但预测值带有明显的滞后偏差。

常用的移动平均法主要有一次移动平均法和二次移动平均法。

①一次移动平均法。

一次移动平均法是根据时间序列逐期移动，依次计算包含一定项数的时间序列平均数，形成一个平均时间数序列，并据此进行预测的方法。预测模型为：

$$\hat{y}_{t+1} = \frac{y_t + y_{t-1} + \cdots + y_{t-n+1}}{n}$$

式中，$\hat{y}_{t+1}$为第 t+1 期的预测值；

y_t，y_{t-1}，…，y_{t-n+1}为被平均的 n 个观测值；

n 为移动平均的项数，即移动期数；

在实际预测中，可以多取几个 n 值，并将得到的预测值与实际值进行比较，选用误差最小的 n 值。

②二次移动平均法。二次移动平均法是对时间序列计算一次移动平均数后，再对一次移动平均数序列进行一次移动平均运算的方法。预测模型为：

$$\bar{y}'_{t+1} = \frac{\bar{y}_t + \bar{y}_{t-1} + \cdots + \bar{y}_{t-n+1}}{n}$$

式中，$\bar{y}'_{t+1}$为二次移动平均值；

$\bar{y}_t$ 为 t+1 期的预测值，即

$$\bar{y}_t = \hat{y}_{t+1} = \frac{y_t + y_{t-1} + \cdots + y_{t-n+1}}{n}$$

二次移动平均法解决了一次移动平均法只能预测下一期的局限性，它可以进行近、短期的预测，但它仍不能解决中长期的预测问题。

（2）指数平滑法。

指数平滑法实际上也是一种加权平均法，是一种改良的加权平均法，预测模型为：

$$\hat{y}_{t+1} = \alpha \cdot y_t + (1-\alpha) \cdot \hat{y}_t$$

式中，α 为平滑系数，$0 \leqslant \alpha \leqslant 1$。

在指数平滑法中，确定合适的 α 值和初始值是非常重要的。α 越大，t 期的实际值对新预测值的贡献就越大；α 越小，t 期的实际值对新预测值的贡献就越小。一般情况下，可以取几个不同的 α 值进行预测，比较它们的预测误差，选择预测误差最小的 α 值。

（3）回归分析预测法。

回归分析预测法是通过研究两组或两组以上变量之间的关系，建立相应的回归预测模型，对变量进行预测的一种预测方法。

①回归分析预测法的基本程序。

进行回归分析的步骤如下：

a. 收集有关资料。将各种可能的影响因素的有关数据尽可能多地收集起来。

b. 判断趋势。根据收集到的数据，判断其变化趋势，从而为建立相应的数学模型做准备。对于变量不多的问题，可以通过绘制散点图来判断变化趋势。

c. 建立预测数学模型。根据历史数据的变化趋势，选择相应的描写该问题的数学

模型，并采用相关的计算技术来估计数学模型的参数。

d. 相关性检验。对建立的预测数学模型，必须进行有关的检验，主要是通过计算预测模型的判定系数、方差（或标准差）以及显著性等指标，来判断预测模型的准确性、是否需要修正、采用何种方法修正等。

②最小二乘法及回归方程的建立。

建立回归模型的一般方法是采用最小二乘法，其原理如下：

考虑 m 个自变量 x_1，x_2，…，x_m 和因变量 y 的关系，现有 n 组观测数据，不同 x_{ki}（k = 1，2，…，m；i = 1，2，…，n）下的 y 的观测值为 y_i，函数 y = f(x) 的待估计参数为 a_k（k = 1，2，…，m + 1），通过回归预测模型得到不同 x_{ki} 下的预测值为 $\hat{y}_i$，则有：

残差平方和 SE：

$$SE = \sum_{i=1}^{n}(y_i - \hat{y}_i)^2$$

剩余标准差 SS：

$$SS = \sqrt{\frac{1}{n-m-1}\sum_{i=1}^{n}(y_i - \hat{y}_i)^2} = \sqrt{\frac{SE}{n-m-1}}$$

判定系数 R^2：

$$R^2 = 1 - \frac{\sum_{i=1}^{n}(y_i - \hat{y}_i)^2}{\sum_{i=1}^{n}(y - \bar{y})^2}$$

其中，$\bar{y}$ 为观测值 y_i 的平均值，$\bar{y} = \frac{1}{n}\sum_{i=1}^{n} y_i$。

那么，最小二乘法的原理就是寻找最优的待估计参数 a_k，使得残差平方和最小。

③常用回归模型。

a. 一元线性回归模型。

当只有两个变量，并且它们之间存在线性关系时，可以用一元线性回归模型来描述。一元线性回归模型为：$\hat{y} = a + b \cdot x$

式中，b 表示斜率，a 表示截距，a 和 b 称为回归系数，是需要由最小二乘法确定的量。

b. 一元非线性回归模型。

当变量 x 和 y 之间的关系不能用线性关系来描述时，则需要建立一元非线性回归模型。根据变量 x 和 y 之间的关系，一元非线性回归模型常见的几种情况有：

对数模型：$\hat{y} = a + b \cdot \ln x$

指数模型：$\hat{y} = a \cdot e^{bx}$

乘幂模型：$\hat{y} = a \cdot x^b$

双曲线模型：$\frac{1}{\hat{y}} = a + b\frac{1}{x}$

以上几种一元非线性模型均可通过数学变换化成一元线性模型。

c. 多元线性回归模型。

当自变量有两个或两个以上，且因变量与这些自变量之间呈线性组合关系时，它们就构成了多元线性回归模型，模型形式为：

$$\hat{y} = a + b_1x_1 + b_2x_2 + \cdots + b_mx_m$$

式中，a，b_1，b_2，…，b_m 为估计参数；x_1，x_2，…，x_m 为自变量。

2. 定性预测法

定性预测法是由有关方面的专业人员或专家根据自己的经验和知识，结合预测对象的特点进行综合分析，对事物的未来状况和发展趋势做出推测的预测方法。定性预测法由于带有较多的个人主观性，因而在实践中最好作为一种补充的预测方法。

8.2　Excel 预测函数

Excel 提供了关于估计线性模型和指数模型参数的几个预测函数。线性模型和指数模型的数学表达式如下：

线性模型：$y = m \cdot x + b$（一元）或者 $y = m_1x_1 + m_2x_2 + \cdots + b$（多元）

指数模型：$y = b \cdot m^x$（一元）或者 $y = b \cdot m_1 m_2 \cdots$（多元）

式中，y 为因变量，x 是自变量，m，m_1，m_2，…，m_n、b 分别为预测模型的待估计参数。

Excel 提供的预测函数主要有 LINEST 函数、LOGEST 函数、TREND 函数、GROWTH 函数等，它们所使用的参数都基本相同，现列于表 8 - 1 中，以供参考。

表 8 - 1　预测函数模型参数的含义

参数	含义
known_y's	因变量 y 的观测值集合
known_x's	自变量 x 的观测值集合
const	逻辑值，指明是否强制使常数 b 为 0（线形模型）或为 1（指数模型）。如果 const 为 TRUE 或者省略，b 将正常计算；如果 const 为 FALSE，b 将被设为 0（线形模型）或设为 1（指数模型）
stats	逻辑值，指明是否返回附加回归统计值。如果 stats 为 TRUE，则函数返回附加回归统计值；如果 stats 为 FALSE 或者省略，函数只返回系数预测模型的估计参数 m，m_1，m_2，…，m_n，b。（附加回归统计值返回的顺序见表 8 - 2）

需要注意，通常的预测函数返回的是数组形式，得到若干行若干列数组。所以，要想得到某一统计量，需要使用数组的函数或公式进行操作，例如，INDEX 函数等。

附加回归统计值返回的顺序如表 8 -2 所示。

表 8 -2　　附加回归统计值返回的顺序

	1	2	3	4	5	6
1	m_n	m_{n-1}	…	m_2	m_1	b
2	SE_n	SE_{n-1}	…	SE_2	SE_1	SE_b
3	R^2	SE_y				
4	F	DF				
5	SS_{reg}	SS_{resid}				

表 8 -2 各参数含义：

SE_n，SE_{n-1}，…，SE_2，SE_1，SE_b 系数 m_n，m_{n-1}，…，m_2，m_1，b 的标准差值。

R^2：判定系数，范围为 0 到 1 之间。实际预测越接近 1，说明拟合效果越好。

SE_y：y 估计值的标准差。

F：F 统计值。

DF：自由度。

SS_{reg}：回归平方和。

SS_{resid}：残差平方和。

8.2.1　LINEST 函数

LINEST 函数的功能是使用最小二乘法计算对已知数据进行最佳线性拟合的直线方程，并返回描述此线性模型的数组。因为此函数返回数值为数组，故必须以数组公式的形式输入。

函数公式为：=LINEST(known_y's，known_x's，const，stats)。

参数说明：

known_y's：因变量 y 的观测值集合。

known_x's：自变量 x 的观测值集合。

const：逻辑值，指明是否强制使常数 b 为 0。如果 const 为 TRUE 或者省略，b 将正常计算；如果 const 为 FALSE，b 将被设为 0。

stats：逻辑值，指明是否返回附加回归统计值。如果 stats 为 TRUE，则函数返回附加回归统计值，如果 stats 为 FALSE 或者省略，函数只返回系数预测模型的待估计参数 m，m_n，…，m_1，b 的值。

LINEST 函数可用于一元线性回归分析，也可以用于多元线性回归分析以及时间数列的自回归分析。

1. 一元线性回归分析

当只有一个自变量 x（即一元线性回归分析）时，可直接利用下面的公式进行预测，得到相关预测参数：

斜率 = INDEX(LINEST(known_y's, known_x's), 1, 1)

或者 = INDEX (LINEST (known_y's, known_x's), 1)

截距 = INDEX (LINEST (known_y's, known_x's), 1, 2)

或者 = INDEX (LINEST (known_y's, known_x's), 2)

判定系数 = INDEX (LINEST (known_y's, known_x's, true, true), 3, 1)

【例 8 -1】 某企业 1 ~6 月份的总成本与人工小时及材料投入（千克）的数据如图 8 -1 所示。假设总成本与材料投入之间存在着线性关系，对下列数据进行回归分析。

	A	B	C
1		基本数据	
2	月份	总成本y	材料投入x
3	1	900	90
4	2	1100	118
5	3	1230	130
6	4	1350	148
7	5	1480	150
8	6	1590	161

图 8 -1　基础数据区

根据基础数据建立预测模型区，如图 8 -2 所示。

	A	B	C
10		预测数据	
11			
12	回归统计数据	9.558294	5.339906
13		0.913044	123.204
14		0.964786	53.08889
15		109.5916	4
16		308876.3	11273.72
17			
18	回归直线	y=ax+b	
19	斜率a	9.558294	
20	常数项b	5.339906	
21	判定系数R^2	0.964786	

图 8 -2　预测区域

模型中，单元格 B12 到 C16 区域即为回归统计量，计算过程：

（1）选择单元区域 B12:C16。

（2）输入回归函数：=LINEST(B3:B8,A3:A8,1,1)。

（3）数组输入：Ctrl + Shift + Enter。

单元格 B19，即斜率 a 的公式为 =INDEX(LINEST(B3:B8,A3:A8,1,1),1,1)。

单元格 B20，即常数项 b 的公式为 =INDEX(LINEST(B3:B8,A3:A8,1,1),1,2)。

单元格 B21，即判定系数的公式为 =INDEX(LINEST(B3:B8,A3:A8,1,1),3,1)。

得到一元线性回归分析方程为：$y = 9.56x + 5.34$（系数四舍五入保留两位小数）。

判定系数为 $R^2 = 0.96$，说明数据具有一定的相关性。

其他统计量见单元区域 B12:B16。

2. 多元线性回归分析

多元线性回归模型为：$y = m_1x_1 + m_2x_2 + \cdots + b$。

【例 8-2】 某企业 1~6 月份的总成本 y 与材料投入 x_1 及人工小时 x_2 的数据如图 8-3 所示。假设总成本 y 与材料投入 x_1 及人工小时 x_2 之间存在着线性关系，则对下列数据进行二元线性回归分析。

	A	B	C	D
1		基本数据		
2	月份	总成本y	材料投入X1	人工小时X2
3	1	900	90	880
4	2	1100	118	960
5	3	1230	130	1289
6	4	1350	148	1410
7	5	1480	150	1475
8	6	1590	161	1540

图 8-3　基本数据区域

假设模型：$y = a_1x_1 + a_2x_2 + \cdots + b$，其中 x_1 是材料投入，x_2 是人工小时。

分析区域：

计算过程：

首先选取单元格区域 A17:D21，再以数组公式方式输入公式 =LINEST(B2:B10,C2:D10,TRUE,TRUE)，即得该二元线性回归的有关参数。结果如图 8-4 所示，从而得到：

回归方程：$y = 29.11 + 7.04x_1 + 0.25x_2$。

判定系数：$R^2 = 0.97$。

其他统计量见单元区域 B12:C16。

	A	B	C	D
10		多元线性回归		
11				
12	回归统计数据	0.2465997	7.0420652	29.109934
13		0.3217068	3.4212486	133.73785
14		0.9705535	56.057407	#N/A
15		49.439831	3	#N/A
16		310722.7	9427.2986	#N/A
17				
18	回归直线	$y=a_1x+a_2x+b$		
19	材料投入斜率a1	7.04		
20	人工小时斜率a2	0.25		
21	常数项b	29.11		
22	判定系数R^2	0.97		

图 8－4 二元线性回归

8.2.2 TREND 函数

TREND 函数的功能是返回一条线性回归拟合线的一组纵坐标值（y 值），即找到适合给定的数组 known_y's 和 known_x's 的直线（用最小二乘法），并返回指定数组 new_x's 值在直线上对应的 y 值。TREND 函数也可用于趋势分析。

TREND 函数的公式为：＝TREND(known_y's,known_x's,new_x's,const)。

参数说明：

known_y's：因变量 y 的观测值集合。如果 known_y's 数组是单一行，则 known_x's 中的每一横行被视为一个独立的自变量。如果 known_y's 数组是单一列，则 known_x's 中的每一竖列被视为一个独立的自变量。

known_x's：自变量 x 的观测值集合，它可以包含多组自变量。

new_x's：需要函数 TREND 返回对应 y 值的新 x 值。

如果 known_x's 参数和 new_x's 同时被省略，则假设两者都是与 known_y's 具有相同个数的数组（1，2，3，…），即视为时间序列。

const：逻辑值，指定是否强制常数项 b 为零。

8.2.3 LOGEST 函数

LOGEST 函数的功能是在回归分析中，计算最符合观测数据组的指数回归拟合曲线，并返回描述该指数模型的数组。

这个函数同 LINEST 相似，也返回一个数组，必须以数组公式输入。

LOGEST 函数的公式为：＝LOGEST(known_y's,known_x's,const,stats)。

参数说明：

known_y's：因变量 y 的观测值集合。如果 known_y's 数组是单一行，则 known_x's 中的每一横行被视为一个独立的自变量。如果 known_y's 数组是单一列，则 known_x's 中的每一竖列被视为一个独立的自变量。

known_x's 自变量 x 的观测值集合，它可以包含多组自变量。

如果 known_x's 参数被省略，则假设它是一个与 known_y's 具有相同个数的数组（1，2，3，…）即视为时间序列。

const：逻辑值，指定是否将常数 b 强制设为 1。

如果 const 为 TRUE 或省略，b 将按正常计算。如果 const 为 FALSE，则常量 b 将设为 1，而 m 的值满足公式 y = m^x。

stats：逻辑值，指明是否返回附加回归统计值。如果 stats 为 TRUE，则函数返回附加回归统计值，返回的数组为 $\{m_n, m_{n-1}, \cdots, m_1, b; se_n, se_{n-1}, \cdots, se_1, se_b; R^2, se_y; F, df, ss_{reg}, ss_{resid}\}$，如果 stats 为 FALSE 或者省略，函数只返回系数预测模型的待估计参数 m，m_n，…，m_1，b 的值。

【例 8-3】 某企业 12 个月某产品的产量 X（万件）与生产成本 Y（万元）的有关资料如图 8-5 所示，假设它们之间有如下关系：$Y = b \cdot m^X$，请对该企业数据参数进行估计。

	A	B	C
1	指数预测基本数据		
2	月份	生产成本（元/件）Y	生产量（万件）X
3	1	580	108
4	2	536	110
5	3	532	113
6	4	501	118
7	5	499	119
8	6	452	120
9	7	435	122
10	8	420	125
11	9	405	127
12	10	399	128
13	11	390	129
14	12	370	130

图 8-5　指数预测基本数据

首先，选取单元格区域 B16:C19，输入公式："=LOGEST(B2:B14,C2:C14,TRUE,TRUE)"，然后数组公式输入 Ctrl + Shift + Enter，即得回归参数，参数 m = 0.9811，参数 b = 4587.2659，则生产成本与生产量的回归曲线为：$Y = 4587.2659 \times 0.9811^X$，判定系数 $R^2 = 0.9614$，如图 8-6 所示。

回归方程的系数及判定系数也可以利用 INDEX 函数和 LOGEST 函数嵌套使用，直接计算：

参数 m = INDEX(LOGEST(C2:C14,B2:B14,TRUE,TRUE),1,1)，计算结果为 0.98。

参数 b = INDEX(LOGEST(C2:C14,B2:B14,TRUE,TRUE),1,2)，计算结果为 4587.27。

判定系数 R^2 = INDEX(LOGEST(C2:C14,B2:B14,TRUE,TRUE),3,1)，计算结果为 0.96。

	B	C
15	函数计算结果	
16	0.981052965	4587.26594
17	0.001212274	0.146638854
18	0.961387878	0.03004509
19	248.9860232	10
20	0.224761528	0.009027074

图 8－6　指数预测结果

8.2.4　GROWTH 函数

GROWTH 函数的功能是找出最适合已知数组的指数回归模型，然后代入指定的 new_x's，求出 y 估计值。

GROWTH 函数的公式为：＝GROWTH(known_y's,known_x's,new_x's,const)。

参数说明：

known_y's：因变量 y 的观测值集合。

如果 known_y's 数组是单一行，则 known_x's 中的每一横行被视为一个独立的自变量。

如果 known_y's 数组是单一列，则 known_x's 中的每一竖列被视为一个独立的自变量。

known_x's：自变量 x 的观测值集合，它可以包含多组自变量。

new_x's：需要函数返回对应 y 值的新 x 值。

如果 known_x's 参数和 new_x's 同时被省略，则假设两者都是与 known_y's 具有相同个数的数组（1，2，3，…），即视为时间序列。

const：逻辑值，指定是否强制常数项 b 为 1。如果 const 为 TRUE 或者省略，b 将正常计算；如果 const 为 FALSE，b 将被设为 1。

8.3　Excel 数据分析工具

Excel 提供了丰富的数据分析工具，可直接用于财务预测。方法包括：移动平均法、指数平滑法、回归分析法等。我们可利用这些丰富的数据分析工具进行财务预测。

8.3.1　移动平均法

【例 8－4】 某企业 2019 年 12 个月的销售额分别为：98 万元、100 万元、103 万元、110 万元、108 万元、120 万元、119 万元、130 万元、128 万元、135 万元、140 万元、155 万元，分别进行 3 期、5 期和 7 期移动平均所做的预测分析进行移动平均。

具体步骤：

（1）在 Excel 2016 中，单击“文件”主菜单下的“选项”命令，在弹出的 Excel 选项窗口中单击左侧的“加载项”，最后单击“转到”按钮，系统弹出“加载宏”对话框，如图 8－7 所示。

图 8－7　分析工具库

（2）在弹出的“加载宏”对话框中选择“分析工具库”，单击“确定”按钮。

（3）点击“数据”主菜单，单击“分析”选项卡的“数据分析”功能。在弹出的“数据分析”会话框中选择“移动平均”，单击“确定”按钮，如图 8－8 所示。

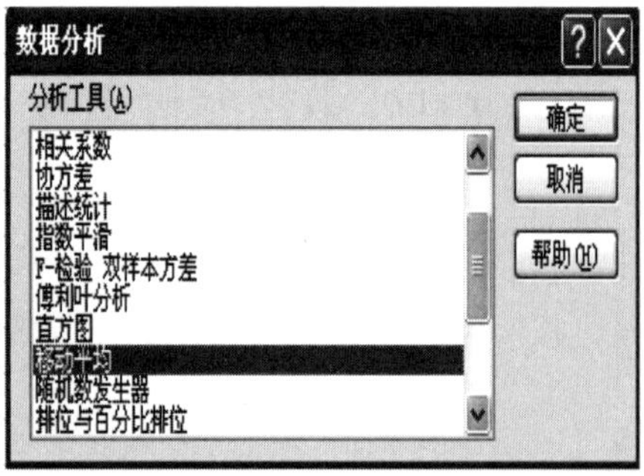

图 8－8　数据分析——移动平均

（4）在移动平均窗口中输入移动平均输入相关数据：在输入区域中用鼠标拾取 B1:B13，在间隔编辑栏输入“3”，输出区域处用鼠标拾取 C2 单元格，选中“图表输出”和“标准误差”选项，最后单击“确定”按钮，如图 8－9 所示。

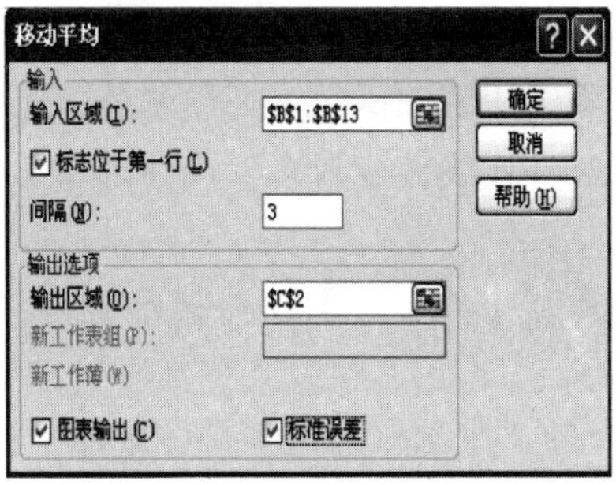

图 8－9　移动平均参数

(5) 系统自动得出分析结果，如图 8－10 和图 8－11 所示。

	A	B	C	D
1	月份	销售额	n=3	误差值
2	1	98.00	#N/A	#N/A
3	2	100.00	#N/A	#N/A
4	3	103.00	100.33	#N/A
5	4	110.00	104.33	#N/A
6	5	108.00	107.00	3.661613
7	6	120.00	112.67	5.381725
8	7	119.00	115.67	4.686466
9	8	130.00	123.00	6.161409
10	9	128.00	125.67	4.674596
11	10	135.00	131.00	4.845769
12	11	140.00	134.33	4.225145
13	12	155.00	143.33	7.836288

图 8－10　移动平均分析结果 1

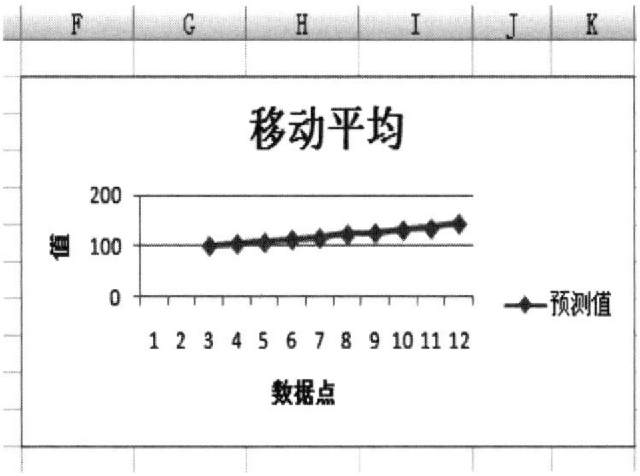

图 8－11　移动平均分析结果 2

同理，可以计算 n＝5 和 n＝7 的移动平均预测。

8.3.2 回归分析法

前面提到的回归分析，除了用回归函数进行预测外，还可以利用数据分析工具进行回归分析。回归分析法可以对一元线性或者多元线性以及某些可以转化为线性的非线性问题进行回归分析。

【例 8－5】 利用分析工具对【例 8－3】进行线性回归。

（1）点击“数据”主菜单，单击“分析”选项卡的“数据分析”功能。在弹出的“数据分析”会话框中选择“回归”，单击“确定”按钮，如图 8－12 所示。

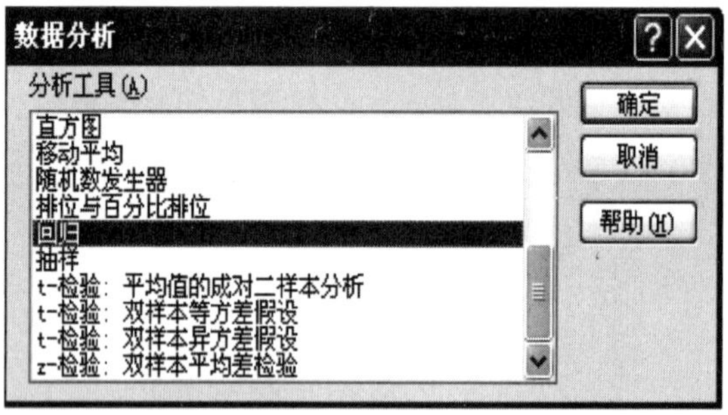

图 8－12　数据分析——回归

（2）在弹出的“回归”对话框中，“Y 值输入区域”中，用鼠标选择“$B$3:$B$8”，“Y 值输入区域”中，用鼠标选择“$C$3:$D$8”，在“输出选项”中选择“输出区域”。按单选钮，用鼠标选择“$A$10”。然后根据实际需要，勾选其他选项，如图 8－13 所示。

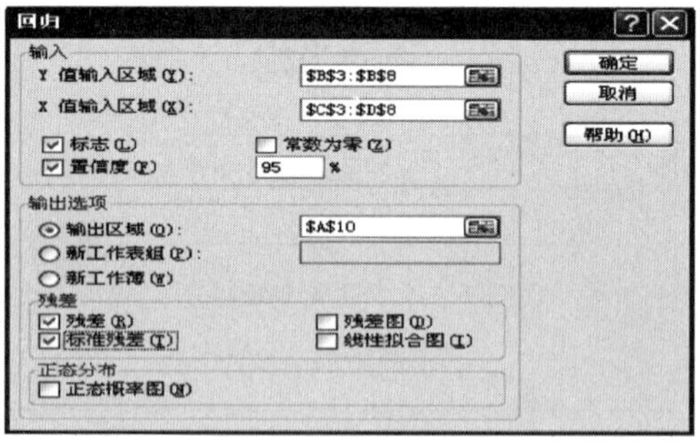

图 8－13　回归分析参数

相关项目说明：

Y 值输入区域：在此输入对因变量数据区域的引用。该区域必须由单列数据组成。

X 值输入区域：在此输入对自变量数据区域的引用。Excel 将对此区域中的自变量从左到右进行升序排列。自变量的个数最多为 16。

标志：如果数据源区域的第一行或第一列中包含标志项，请选中此复选框。如果数据源区域中没有标志项，请清除此复选框，Excel 将在输出表中生成适当的数据标志。

置信度：如果需要在汇总输出表中包含附加的置信度，可选中此选项进行设置。默认值为 95%。

常数为零：如果要强制回归线经过原点，选中此复选框。

输出区域：在此输入对输出表左上角单元格的引用。汇总输出表至少需要有 7 列，其中包括方差分析表、系数、y 估计值的标准误差、R^2 值、观察值个数以及系数的标准误差。

新工作表：单击此选项可在当前工作簿中插入新工作表，并从新工作表的 A1 单元格开始粘贴计算结果。若要为新工作表命名，请在框中键入名称。

新工作簿：单击此选项可创建新工作簿并将结果添加到其中的新工作表中。

残差：如果需要在残差输出表中包含残差，请选中此复选框。

标准残差：如果需要在残差输出表中包含标准残差，请选中此复选框。

残差图：如果需要为每个自变量及其残差生成一张图表，请选中此复选框。

线性拟合图：如果需要为预测值和观察值生成一张图表，请选中此复选框。

正态概率图：如果需要生成一张图表来绘制正态概率，请选中此复选框。

(3) 单击“确定”按钮，回归分析的结果显示在本页的 A12 单元格开始的位置上。如图 8－14 所示。

	A	B	C	D	E	F	G	H	I
10	SUMMARY OUTPUT								
11									
12	回归统计								
13	Multiple R	0.985166735							
14	R Square	0.970553495							
15	Adjusted R Square	0.950922491							
16	标准误差	56.05740703							
17	观测值	6							
18									
19	方差分析								
20		df	SS	MS	F	Significance F			
21	回归分析	2	310722.7014	155361.3507	49.439831	0.005053016			
22	残差	3	9427.298649	3142.432883					
23	总计	5	320150						
24									
25		Coefficients	标准误差	t Stat	P-value	Lower 95%	Upper 95%	下限 95.0%	上限 95.0%
26	Intercept	29.10993354	133.7378516	0.217664133	0.841655	-396.5035982	454.72347	-396.5036	454.72347
27	材料投入X1	7.04206515	3.421248551	2.058331935	0.1317065	-3.84587466	17.930005	-3.845875	17.930005
28	人工小时X2	0.246599745	0.32170683	0.766535623	0.4991547	-0.777214966	1.2704145	-0.777215	1.2704145
29									
30									
31									
32	RESIDUAL OUTPUT								
33									
34	观测值	预测总成本y	残差	标准残差					
35	1	879.9035727	20.09642731	0.462817984					
36	2	1096.809377	3.190623493	0.073479624					
37	3	1262.445474	-32.44547442	-0.747214857					
38	4	1419.041216	-69.04121628	-1.590009807					
39	5	1449.15433	30.84566999	0.710371579					
40	6	1542.64603	47.35396991	1.090555477					

图 8－14　回归结果

这些数据分析结果为：R 值为 0.9852，R 平方值为 0.9706，说明有一定的相关性。F 显著值为 0.005，达到 0.05 的检验标准。其他统计量如图 8－14 所示。

8.4 销售预测

销售预测是企业进行预测的起点，通常也是企业进行财务计划的依据，准确的销售预测会使企业在有计划的财务安排下顺利运作，误差较大的财务预测会使企业未来的生产运作变得被动，甚至陷入困境。因此，销售预测是企业进行财务预测的首要工作，是企业制定财务计划的基础。

销售预测主要根据市场需求的变化，结合企业的利润目标、实现企业市场份额的目标，并综合考虑企业内外部的各种限制条件的影响来进行。一般情况下，可首先分别对未来各期的销售量和销售价进行预测，在此基础上，根据预测的产品销售价格乘以预测的销售量得到预测的销售额，也可以直接根据销售额的历史资料直接预测未来销售额。

8.4.1 销售预测的方法

1. 时间序列预测法

时间序列预测法是指将观察或记录的一些历史数据按照时间的先后排序成数据系列，进行统计分析，找出过去长期的销售量或销售额的增减变化趋势，再根据此变化趋势分析的结果，预测未来时期的销售量或销售额的方法。常见的时间序列的预测方法有简单平均法、移动平均法、指数平滑法等，这些方法的基本原理可以参阅前面的有关内容。

2. 因果关系预测法

因果关系预测法是指利用有关因素与产品销售量或销售额之间的固有因果关系，通过建立一定的数学模型来预测企业未来的产品销售水平的一种方法。企业产品销售水平的高低，往往受到诸多宏观或微观、外部或内部、客观或主观等因素的影响，通常可以通过回归分析的方法检验出哪些因素与销售水平之间具有因果关系，在此基础上可建立回归方程，进行销售预测。

3. 通过生产能力或订货合同进行销售量（销售额）预测

企业生产的产品如果在市场占有稳定的份额或供不应求，则可按本企业的生产能力预测产品的销售量，计算公式如下：

计划期销售量 = 计划期初库存量 + 计划期预计生产量 − 计划期末预计库存量

8.4.2 销售预测模型

在很多情况下，通过建立企业的销售预测模型，可以很方便地实现销售预测。

1. 一元线性回归预测模型

【例 8 –6】某企业搜集了 2019 年上半年实际销售量的数据，如图 8 – 15 中基本数据区所示，现对下半年进行预测。

步骤：

（1）建立历史资料：将上半年销售量的历史资料输入“基本数据区”中，即单元格 A4:G4。

（2）建立预测模型。

预测模型用直线回归方程描述：销售量（Y）= a * 时间（X）+ b

下面用 LINEST 函数求出参数 a 和 b。

参数 a：单元格 C9 = INDEX(LINEST(B5:G5,B4:G4,1,1),1,1)

参数 b：单元格 D9 = INDEX(LINEST(B5:G5,B4:G4,1,1),1,2)

判定系数 R^2 单元格 E9 = INDEX(LINEST(B5:G5,B4:G4,1,1),3,1)

（3）参数分析（检验）：财务人员可以根据判定系数 R^2 的值判断该方程是否合理，如果判定系数接近 1，说明时间和销售量之间成线性关系，可以用估计出的参数进行趋势预测；否则，该方程预测的结果会产生较大的误差。当然，可以对该估计参数进行相关的统计值的检验，这样就更为精确。

（4）趋势预测：在 B11：G11 输入下半年预测时间，在 B12 单元格输入预测销量公式“ =$C$9 * B11 +$D$9”，拖动复制到 G12 单元格即可，结果如图 8 – 15 所示。

	A	B	C	D	E	F	G
1							
2		销售预测模型—— 一元线性回归					
3		基本数据区					
4	时间	1	2	3	4	5	6
5	销售量	59	62	63	63	65	67
6							
7		模型：销售量（Y）=a*时间（X）+b					
8			a	b	R^2		
9			1.40	58.27	0.93		
10		预测：					
11	预测时间	7	8	9	10	11	12
12	预计销量	68.07	69.47	70.87	72.27	73.67	75.07

图 8 – 15　销售预测——一元线性回归

2. 因果分析预测模型

【例 8 –7】假设某企业彩电的销售量（Y）和企业广告投放量（X1）以及业务员数量（X2）有关，基本数据如图 8 – 16 所示。

（1）建立基本数据区域。

（2）建立预测模型。

销售量（Y）= a1 * 广告投放量（X1）+ a2 * 业务员数量（X2）+ b

只要利用预测函数求出 a1、a2 和 b，就可以得到该因果模型。

（3）利用 LINEST 函数计算。

参数 a1：单元格 B6 = INDEX(LINEST($B$5:$G$5, $B$3:$G$4, TRUE, TRUE), 1, 2)

参数 a2：单元格 C6 = INDEX(LINEST($B$5:$G$5, $B$3:$G$4, TRUE, TRUE), 1, 1)

参数 b：单元格 D6 = INDEX(LINEST($B$5:$G$5, $B$3:$G$4, TRUE, TRUE), 1, 3)

判定系数 R^2 单元格：

E6 = INDEX(LINEST($B$5:$G$5, $B$3:$G$4, TRUE, TRUE), 3, 1)

（4）趋势预测。

在 B11 和 B12 输入预测时间第 7 期的广告投入和业务量的预计数额，在 B13 单元格输入预测销量公式 " = B8 * B11 + C8 * B12 + D8"，得到第 7 期的预计销售量，如图 8－16 所示。

	A	B	C	D	E	F	G
1	销售预测模型—— 因果分析模型						
2	时间	1	2	3	4	5	6
3	广告投入（X1）	20	30	32	35	40	45
4	业务员数量（X2）	3	4	5	5	7	8
5	销售量	1600	2000	2200	2500	3000	3300
6	模型：销售量（Y）=a1*广告投入（X1）+a2*业务员数量（x2）+b						
7		a1	a2	b	R^2		
8		28.78	207.59	357.33	0.99		
9							
10	预测时间	7					
11	广告投入	40.00					
12	业务员数量	6					
13	销售量	2753.99					

图 8－16　因果分析预测模型

8.5　成本预测

成本是指企业为生产和销售产品所花费的全部费用。成本可以按很多不同的标准进行分类。

成本按经济职能划分，可分为生产成本和非生产成本两大类。生产成本又称制造成本，包括生产过程中发生的直接材料、直接人工和制造费用三个项目；非生产成本又称非制造成本，包括为销售产品所花费的销售费用和为组织企业的生产所花费的管理费用。

成本性态又称成本习性，是指成本总额对业务量（如产销量）总数的依存关系。按成本性态可将全部成本分为变动成本、固定成本和混合成本三类。变动成本是指总额与业务量总数成正比例变动关系的成本，如直接材料、直接人工、变动性制造费用等。固定成本是指在一定的业务量范围内，总额不受业务量增减变动影响的成本，如按直线法计提的固定资产折旧费、管理人员工资等。混合成本是指总额随业务量总数发生变化但不成正比例变动的成本，通过采用适当的方法可以将混合成本分解为变动成本和固定成本两大类。

成本预测是根据企业未来的发展目标和现实条件，参考其他资料，利用专门的方法对企业未来成本水平及其变动趋势进行估算和预测。成本预测可为成本决策和实施成本控制提供有用的信息。成本预测的方法主要有历史成本法、因素分析法等。

8.5.1 历史成本法

历史成本法是通过对历史成本数据的分析，依据以前各期实际成本与产量间的依存关系，来推算一定期间固定成本和单位变动成本的平均值，并以此来确定所估算的未来成本。历史成本法的精确程度，取决于用以分析的历史数据的恰当程度。历史成本法又可具体分为高低点法和回归分析法。

1. 高低点法

高低点法是指通过在历史成本数据中寻找最高产量和最低产量两个点，并以此来确定单位变动成本与固定成本的方法。计算公式如下：

$$单位变动成本=\frac{最高成本-最低成本}{最高产量-最低产量}$$

$$固定成本=最高成本-单位变动成本\times 最高产量$$

【例 8－8】 某企业成本与产量基础数据如图 8－17 所示。预计 2020 年总产量为 730000 箱，现利用高低点法对 2020 年总成本进行预测。

	A	B	C
1	2019年产品制造成本与产量		
2	月份	产量(箱)	制造成本金额（元）
3	1月	61775	586356
4	2月	69350	635969
5	3月	56338	541230
6	4月	59669	556890
7	5月	50223	500250
8	6月	52654	510230
9	7月	58600	559870
10	8月	65010	601583
11	9月	60120	564565
12	10月	58200	553217
13	11月	65880	595635
14	12月	61000	573596

图 8－17　2019 年成本数据

（1）录入基础数据，如图 8－17 所示。

（2）高低点法预测 2020 年成本，如图 8－18 所示。

高低点法预测2020年成本	
最高产量（箱）	69350
最高成本（元）	635969
最低产量（箱）	50223
最低成本（元）	500250
单位变动成本（元/箱）	7.095676269
固定成本	143883.8507
预测产量	730000
预测总成本	5323727.527

图 8－18　高低点法预测

各单元格公式为：

C17 = MAX(B3:B14)

C18 = MAX(C3:C14)

C19 = MIN(B3:B14)

C20 = MIN(C3:C14)

C21 = (C18 - C20)/(C17 - C19)

C22 = C18 - C21 * C17

C24 = C22 + C21 * C23

2. 回归分析法

利用回归分析法进行成本预测，首先需要建立回归分析模型。回归分析模型就是将总成本分为固定成本和变动成本，建立回归模型，最后对回归模型的各参数进行估计，从而对未来的成本进行预测。

可利用之前的回归分析的函数和分析工具进行成本预测，现利用 Excel 提供的 SLOPE 和 INTERCEPT 函数直接进行回归分析。

（1）INTERCEPT 函数。

功能：利用现有的 x 值与 y 值计算直线与 y 轴的截距。截距为穿过已知的 known_x's 和 known_y's 数据点的线性回归线与 y 轴的交点。

语法：=INTERCEPT(known_y's,known_x's)。

参数说明：

known_y's：因变的观察值或数据集合。

known_x's：自变的观察值或数据集合。

（2）SLOPE 函数。

功能：返回根据 known_y's 和 known_x's 中的数据点拟合的线性回归直线的斜率。斜率为直线上任意两点的垂直距离与水平距离的比值，也就是回归直线的变化率。

语法：=SLOPE(known_y's,known_x's)。

参数说明：

known_y's：数字型因变量数据点数组或单元格区域。

known_x's：自变量数据点集合。

【例 8-9】 利用回归分析法对【例 8-8】数据进行一元线性回归分析，如图 8-19 所示。

	A	B	C
25			
26		回归法预测2020年成本	
27		单位变动成本	6.97168281
28		固定成本	147334.41
29		预测产量	730000
30		预测总成本	5236662.86

图 8-19　回归法预测成本

各单元格公式为：

C27 = SLOPE(C3:C14,B3:B14)

C28 = INTERCEPT(C3:C14,B3:B14)

C30 = C27 * C29 + C28

8.5.2　因素分析法

因素分析法是利用上年的成本数据，同时分析预测期间影响成本的各种因素，分析出主要成本与上年相比的降低额和降低率，从而计算得出预测期的产品成本的方法。其中成本项目包括直接材料、直接人工和制造费用，这几项成本项目是因素分析法重要的影响因素。

1. 直接材料

直接材料是指为制造产品采购的原材料。其成本额的高低取决于原材料的单价和生产过程中原材料的消耗定额。其成本降低率的计算公式为：

$$成本降低率 = [1-(1-原材料消耗定额降低率)\times(1\pm原材料价格升降率)]\times原材料成本占产品成本的百分比$$

2. 直接人工

直接人工是指在产品制造过程中支付给工人的工资，其成本额的高低取决于生产工人的平均工资和劳动生产率。其成本降低率的计算公式为：

$$成本降低率=\left(1-\frac{1+生产工人平均工资增长率}{1+劳动生产率提高的百分比}\right)\times 直接人工占产品成本的百分比$$

3. 制造费用

制造费用指企业中各个部门为组织生产和管理生产而发生的各项间接费用。其成本降低率的计算公式为：

$$成本降低率=\left(1-\frac{1+制造费用增长率}{1+产量增加的百分比}\right)\times 制造费用占产品成本的百分比$$

计算得出直接材料、直接人工、制造费用三项主要成本的降低率后，则可以得到总成本降低率。接着根据上年产品的单位成本计算得出预测产量所需要的总成本，然后将该总成本与总成本降低率相乘则可以得到成本总降低额。

【例8－10】 某企业2019年实际数据以及2019年预计各增长率如图8－20所示，利用因素分析法对2020年进行成本预测。

	A	B	C	D	E
1	2010年产品制造成本资料			2011年预测成本资料	
2	产品单位成本（元/箱）	9.4		产品产量(箱)	730000
3				产量增长	15.00%
4	直接材料占总成本的百分比	76.29%		劳动生产率提高	12.00%
5	直接人工占总成本的百分比	10.98%		生产工人平均工资增长	15.00%
6	制造费用占总成本的百分比	12.73%		原材料消耗定额降低	8.00%
7				原材料价格上升	3.00%
8				制造费用增加	3.50%

图8－20　基础数据

步骤：

（1）录入基础数据，如图8－20所示。

（2）计算各产品项目的成本降低率。

其中，B11＝(1－(1－E6)＊(1＋E7))＊B4

B12＝(1－(1＋E5)/(1＋E4))＊B5

B13＝(1－(1＋E8)/(1＋E3))＊B6

（3）计算产品成本总降低率。

B14＝SUM(B12:B14)

（4）计算按上年单位成本计算的总成本。

E13＝B2＊E2

（5）计算产品成本总降低额。

E14＝E13＊B15

（6）计算2011年预测总成本。

E15＝E13－E14

计算结果如图 8－21 所示。

	A	B	C	D	E
10	因素分析法预测总成本				
11	成本项目	成本降低率			
12	直接材料	0.03997596			
13	直接人工	-0.00294107		预测产量按上年单位成本计算的总成本（元）	6862000
14	制造费用	0.01273		产品成本总降低额（元）	341486.67
15	产品成本总降低率	0.049764889		2011年预测总成本（元）	6520513.33

图 8－21　因素分析法预测总成本

8.6　利润预测

利润预测是指在销售预测的基础上，根据企业未来发展目标和其他相关资料，预计、推测或估算未来应该达到和希望实现的利润水平及其变动趋势的过程。为了实行目标利润管理，一般进行两方面的分析：

（1）各盈亏临界点分析，研究利润为零的特殊经营状况的有关问题；

（2）因素变动分析及敏感分析，研究利润不为零的一般经营状况的有关问题。

8.6.1　本量利分析的基本原理

本量利分析法是研究成本、业务量和利润三者之间关系的一种重要方法，它可以帮助企业财务管理人员顺利地找到降低成本、增加利润的途径，帮助财务管理人员进行利润规划和管理。

本量利的基本方程式：

利润＝销售收入－总成本
＝销售收入－变动成本－固定成本
＝边际贡献－固定成本
＝(售价－单位变动成本)×销售量－固定成本
＝单位边际贡献×销售量－固定成本
＝边际贡献率×销售收入－固定成本

本量利分析在财务管理中应用非常广泛，可以用于盈亏临界点分析、单因素敏感性分析、多因素敏感性分析。

8.6.2 Excel 利润管理模型设计

Excel 利润管理模型设计的步骤如下：

（1）建立利润管理模型基本数据区，如图 8 – 22 所示，录入基本数据。

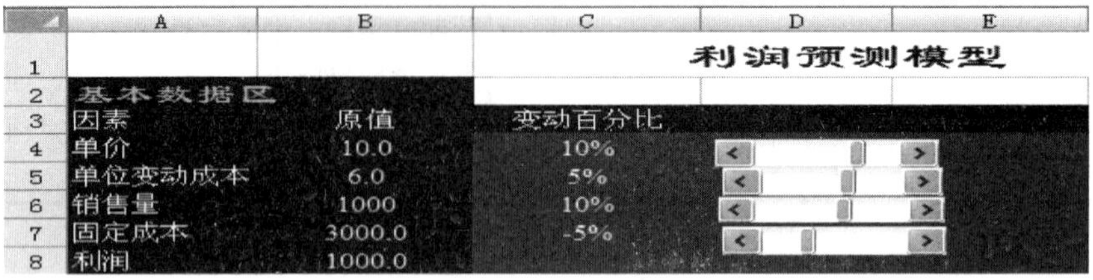

	A	B	C	D	E
1			利润预测模型		
2	基本数据区				
3	因素	原值	变动百分比		
4	单价	10.0	10%		
5	单位变动成本	6.0	5%		
6	销售量	1000	10%		
7	固定成本	3000.0	-5%		
8	利润	1000.0			

图 8 – 22　基本数据区

（2）单击“文件”主菜单下的“选项”命令，在弹出的 Excel 选项中选择左侧的“自定义功能区”，在右侧的“自定义功能区”选择“开发工具”复选框。单击“确定”按钮。这时，主菜单中增加了一个“开发工具”菜单。

（3）给每种因素建立滚动条控件，每种因素变动范围为 – 20% 至 + 20% 。单击“开发工具”主菜单，单击“插入”下拉菜单的“表单控件”的“滚动条”选项，如图 8 – 23 所示。

图 8 – 23　表单控件

（4）在 D4 单元格位置，点中鼠标左键拖动到相应大小位置，释放鼠标左键。再单击鼠标右键，选择设置控件格式，分别录入最小值 0，最大值 40，步长 1，页步长 10，选中“三维阴影”，如图 8 – 24 所示。单击“确定”按钮。

（5）选中 C4 单元格，设置其公式为“=(D4-20)/100”，并设置该单元格格式为百分比。这样，随着滚动条的滚动，C4 单元格的取值范围就成为 -20% 到 +20% 了，如图 8-24 所示。同理，给单位变动成本、固定成本分别建立一个滚动条。变动范围都是 -20% 到 +20%。

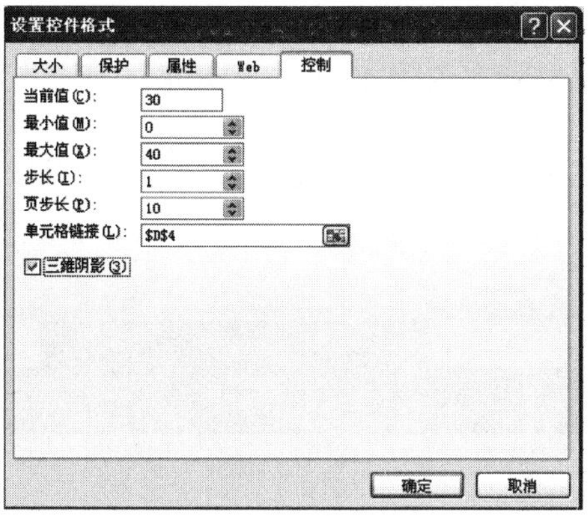

图 8-24 设置控件格式

（6）多因素变动分析区。

当各种因素同时变动时，对该利润模型的分析即为多因素变动分析，如图 8-25 所示。多因素变动分析区域公式为：

B12 = (B4 * (1 + C4) - B5 * (1 + C5)) * B6 * (1 + C6) - B7 * (1 + C7)

C12 = B12 - B8

D12 = C12/B8

E12 = B7 * (1 + C7)/((B4 * (1 + C4) - (B5 * (1 + C5))))

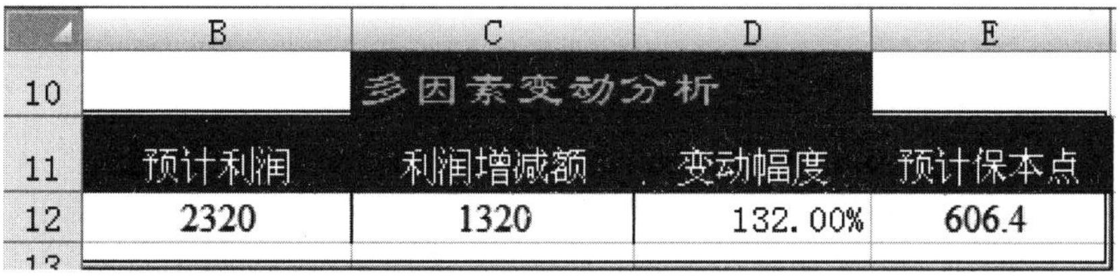

	B	C	D	E
10		多因素变动分析		
11	预计利润	利润增减额	变动幅度	预计保本点
12	2320	1320	132.00%	606.4

图 8-25 多因素变动分析

（7）单因素变动分析区。

单因素变动分析只对一种因素变动进行分析，分析结果如图 8-26 所示。单因素变动分析区域公式为：

B17 = C4；B18 = C5；B19 = C6；B20 = C7

C17 = (B4 * (1 + B17) - B5) * B6 - B7

C18 = (B4 - B5 * (1 + B18)) * B6 - B7

C19 = (B4 - B5) * (B6 * (1 + B19)) - B7

C20 = (B4 - B5) * B6 - B7 * (1 + B20)

利润变动额：

D17 = C17 -$B$8，拖动复制到 D18、D19、D20 即可。

变动幅度：

E17 = D17/$B$8，拖动复制到 E18、E19、E20 即可。

敏感系数：

F17 = E17/B17，拖动复制到 F18、F19、F20 即可。

	A	B	C	D	E	F
15			单因素变动分析			
16	项目	因素变动百分比	变动后利润	利润变动额	变动幅度	敏感系数
17	单价	10%	2000	1000	100.00%	10
18	单位变动成本	5%	700	-300	-30.00%	-6
19	销售量	10%	1400	400	40.00%	4
20	固定成本	-5%	1150	150	15.00%	-3

图 8-26　单因素变动分析

8.7　资金需要量预测

资金需要量预测是指对企业未来某一时期内的资金需要量进行科学的预计和判断。资金需要量预测是财务预测的重要组成部分，科学预测企业的资金需要量，是合理筹划和运用营运资金，提高经济效益的重要保证。资金需要量预测的方法主要有销售百分比法、资金性态法等。

8.7.1　销售百分比法

销售百分比法是根据销售额与资产负债表中有关项目间的比例关系，预测各项目短期资金需用量的方法。

该方法有两个基本假定；其一，假定某项目与销售额的比例已知并不变；其二，假定未来的销售额已知。销售百分比法一般通过编制预测资产负债表来确定企业的资金需用量。

预测资产负债表是利用销售百分比法原理预测外部筹资需要量的报表，其基本格式与实际资产负债表大致相同。企业通过编制预测资产负债表，可以预测资产、负债及留存收益等有关项目的数额，从而确定企业需要从外部筹资的数额。

预测的步骤为：

（1）首先确定资产、负债中与销售额有固定比率关系的项目，这种项目被称为敏感项目。敏感项目有敏感资产项目，如现金、应收账款、存货等；敏感负债项目，如应付账款、预提费用等。与敏感项目相对应的是非敏感项目，它是指在短期内不随着销售收入的变动而变动的项目，如对外投资、长期负债、实收资本等。在生产能力范围之内，增加销售量一般不需增加固定资产，如果在生产能力已经饱和情况下继续增加产销量，可能需增加固定资产投资额，因此固定资产项目既可能是非敏感性资产，也可能是敏感性资产。

（2）对各个敏感性项目，计算其基期的金额占基期销售收入的百分比，并计算出敏感性资产项目占基期销售收入的百分比的合计数和敏感性负债项目占基期销售收入的百分比的合计数。

（3）根据计划期的销售收入和销售净利润率，结合计划期支付股利的比率，确定计划期内部留存收益的增加额。

（4）根据销售收入的增长额确定企业计划期需要从外部筹措的资金需要量。

计算公式为：

$$M = \frac{A}{S_1} \times \Delta S - \frac{B}{S_1} \times \Delta S - P \times E \times S_2$$

式中：M 为外部融资需求量，A 为随销售变化的资产；B 为随销售变化的负债；S_1 为基期销售额；S_2 为预测期销售额；ΔS 为销售变动额；P 为销售净利润率；E 为保留盈余比率；$\frac{A}{S_1}$为变动资产占基期销售额的百分比；$\frac{B}{S_1}$为变动负债占基期销售额的百分比。

【例 8－11】 ××公司 2019 年末资产负债简表如表 8－3 所示。公司当年的销售额为 120000 元，销售净利润率为 10%，企业生产能力尚有剩余。预计 2020 年销售额增长 20%，获利能力保持前一年水平，2020 年预计股利分配率为 60%。试预测 2020 年筹资需求。

表 8－3 **资产负债表（简表）**

2019 年 12 月 31 日 单位：万元

资产	金额	负债及所有者权益	金额
货币资金	5000	应付账款	5000
应收账款	20000	应付票据	15000
存货	30000	短期借款	25000
固定资产净值	35000	应付债券	13000
		实收资本	20000
		留存收益	12000
资产合计	90000	负债及所有者权益合计	90000

预测 2020 年筹资需求量的步骤如下：

（1）根据××公司 2019 年末资料，在同一张工作表中，创建“资产负债表和基础数据”“销售百分比分析表”“资金预测计算表”，如图 8-27 ~ 图 8-29 所示。

（2）在销售百分比分析表中根据资料对项目是否敏感进行判断，填入相应单元格。将 C13:C19 和 F13:F19 区域单元属性设置为“百分比”。各单元格的操作如下：

C13 = IF(B13 = "是",B3/$G$3,"无意义")

将 C13 单元格公式复制到 C14:C16 单元格。

F13 = IF(E13 = "是",D3/$G$3,"无意义")

将 F13 单元格公式复制到 F14:F18 单元格。

在 C19 和 F19 单元格录入合计公式：

C19 = SUM(C13:C18)

F19 = SUM(F13:F17)

（3）在 C22 单元格录入 2011 年资金需要量预测公式：

= C19 * (H3 - G3) - F19 * (H3 - G3) - H3 * H5 * (1 - H6)

得到 2020 年外部资金需要量是 1240 万元，如图 8-28 所示。

	A	B	C	D	E	F	G	H
1		资产负债表简表		单位：万元				
2	资 产	金 额	负债及所有者权益	金 额		项目	2019	2020
3	货币资金	5000	应付账款	5000		销售收入	120000	144000
4	应收账款	20000	应付票据	15000		销售增长率	20%	20%
5	存货	30000	短期借款	25000		销售净利率	10%	10%
6	固定资产净值	35000	应付债券	13000		股利支付率	60%	60%
7			实收资本	20000				
8			留存收益	12000				
9	资产合计	90000	负债及所有者权益合计	90000				

图 8-27 基本数据

	A	B	C	D	E	F
10						
11			销售百分比分析			
12	资产	是否敏感项目	占基期销售收入百分比	负债及所有者权益	是否敏感项目	占基期销售收入百分比
13	货币资金	是	4.17%	应付账款	是	4.17%
14	应收账款	是	16.67%	应付票据	是	12.50%
15	存货	是	25.00%	短期借款	否	无意义
16	固定资产净值	否	无意义	应付债券	否	无意义
17				实收资本	否	无意义
18				留存收益	否	无意义
19	资产合计		45.83%	负债及所有者权益合计		16.67%

图 8-28 销售百分比分析

21	资金预测计算表				
22	2020年外部资金需要量	1240	万元		

图 8-29 资金预测计算

8.7.2 资金性态法

资金性态法是指根据资金的变动同产销量之间的依存关系预测未来资金需要量的一种方法。利用这种方法，首先要求把企业的总资金划分为随产销量成正比例变动的变动资金和不受产销量变动影响的固定资金两部分，然后再进行资金需要量预测，包括高低点法和回归分析法。下例用回归分析法对企业资金需要量进行了预测。

【例 8-12】 ××公司产销量和资金变化情况如图 8-30 所示。2020 年预计销售量为 800 件，试采用回归分析法预测 2020 年的资金需要量。假设资金需要量和销售量之间存在线性关系：

资金需要量（y）= a + b × 销售量（x），其中常数项 a 和斜率 b 为待估参数。

	A	B	C
1	产销量与资金变化情况资料		
2	年度	产销量（x万件）	资金占用（y万元）
3	2014	600	1025
4	2015	550	998
5	2016	500	981
6	2017	600	1031
7	2018	650	1060
8	2019	700	1090
9	回归分析法预测资金需要量		
10	预测模型	y=a+bx	
11	预测方程变量项 b	0.56	
12	预测方程常数项 a	694.83	
13	2020年预测产量	800	
14	2020年预测值	1142.83	万元

图 8-30 资金性态法

步骤：

（1）录入基础数据。

（2）利用回归函数进行参数估计。

B11 = SLOPE(C3:C8,B3:B8)

B12 = INTERCEPT(C3:C8,B3:B8)

（3）利用得到的估计参数进行预测。

B14 = B12 + B11 * B13

得到2020年预计资金需要量为1142.83万元，如图8－30所示。

本章实验与实训

【实验目的】

掌握Excel利润管理模型、资金需求量预测、回归分析等模型。

【实验资料及要求】

1. ABC公司2019年销售产品300000件，单价1000元/件，固定成本总额为40000000元。

（1）建立Excel本量利分析模型，计算公司边际贡献和边际贡献率。

（2）计算盈亏临界点的销售量和销售额。

（3）假定单位变动成本降低10%，其他因素不变，计算此时的盈亏临界点。

（4）假定固定成本降低10%，其他因素不变，计算此时的盈亏临界点。

（5）假定单价提高5%，其他因素不变，计算此时的盈亏临界点。

（6）假定销售量提高15%，其他因素不变，计算此时的利润变化率。

2. 假设ABC公司2019年资产负债表如表8－4所示。预计2020年销售额为4000万元。

表8－4　　ABC公司2019年资产负债表资料

	年末数（万元）	占销售额
流动资产	700	23.33%
长期资产	1300	43.33%
资产合计	2000	
应付票据	5	N
应付账款	176	5.87%
其他应付款	9	0.30%
长期负债	870	N
负债合计	1060	
实收资本	100	N
资本公积	16	N
留存收益	824	N
所有者权益合计	940	
负债及所有者权益合计	2000	

注：2019年销售额3000万元，N为无直接确定关系。

该企业财务政策为：

（1）企业外部资金的筹集政策为：50%借款，50%发行股票。

（2）留存收益比例为 70%，股利支付比例 30%。设 2020 年各报表要素与销售收入的百分比与 2019 年相同，且销售净利率为 4.5%。

要求：按销售百分比法预计 2010 年借款和发行股票筹资额。

3. Q 公司历年财务数据如表 8－5 所示，2020 年预计销售收入为 5000 万元。

表 8－5　　Q 公司历年财务数据　　单位：万元

年份	销售收入	应收账款	存货	应付账款
2014	2350	430	600	290
2015	2650	450	650	320
2016	3000	520	720	340
2017	2800	470	700	330
2018	3500	610	750	360
2019	4200	710	900	440

要求：建立各相关报表要素与销售收入的直线回归分析模型。